Novela Histórica

Almudena de Arteaga

La princesa de Éboli

Ediciones Martínez Roca

Paseo de Recoletos, 4. 28001 Madrid (España)

Diseño de la cubierta: adaptación de la idea original de Compañía de Diseño
Ilustración de la cubierta: © Bie Peeters. *La princesa de Éboli*, de Alonso Sánchez Coello. Cuadro cedido por gentileza del Duque del Infantado
Primera edición en Colección Booket: setiembre de 2001
Segunda edición: enero de 2002
Tercera edición: mayo de 2002
Cuarta edición: diciembre de 2002
Quinta edición: enero de 2003
Sexta edición: marzo de 2003
Séptima edición: febrero de 2004

Depósito legal: B. 8.080-2004
ISBN: 84-270-2678-1
Impresión y encuadernación: Liberdúplex, S. L.
Printed in Spain - Impreso en España

Biografía

Tras el éxito de *La Princesa de Éboli* (Ediciones Martínez Roca, 1998), la historiadora y abogada Almudena de Arteaga del Alcázar se convirtió en la autora de novela histórica más leída en España. *La vida privada del Emperador* (Ediciones Martínez Roca, 1999) y *Eugenia de Montijo* (Ediciones Martínez Roca, 2000) han sido sus siguientes aciertos en el terreno de la biografía novelada. Colaboró en el libro colectivo *Hijas y padres* (Ediciones Martínez Roca, 1999) y recientemente ha publicado *Estúpida como la luna* (Editorial Planeta, 2001), su primera incursión en la novela de ficción contemporánea.
En la actualidad vive en Madrid con sus dos hijas.

Para mis hijas, Almudena y Teresa

Toda mi gratitud a Attilio Locatelli, asesor editorial de Ediciones Martínez Roca, por sus comentarios y su aliento.

1

CUÉNTEME MADRE
(1540-1560)

Un rayo de luz penetra en la intimidad de mi cama, atravesando sin ningún recato ni pudor las cortinas de mi dosel. Sin duda imita a todos los que me han rodeado durante estos años. ¡Qué vida tan vacía la de aquellos que han de ocuparse de los asuntos ajenos inmiscuyéndose en la de otros! ¡Rompen su privacidad con el único fin de llenar levemente la suya, carente de interés!

Todos ellos nunca supieron el inmenso gozo que me producía que se hablase de mí, pues siempre me gustó llamar la atención. Mas lo que ahora en realidad me aflige es que los sentimientos y vivencias me abordaron a tal velocidad, que la disposición para percibirlos plenamente me faltó.

Postrada en la cama, me siento envejecida por mi larguísimo enclaustramiento.

Alguien se acerca por el pasillo y llama a la puerta; sin esperar respuesta entra Ana y se sienta a los pies de mi cama.

Esta hija mía es el vivo reflejo de mi juventud. Su tez

blanca resalta sus negros cabellos, y su curiosidad nunca deja de asombrarme.

Cabizbaja y zalamera, me ruega:

–Por el amor de Dios, madre, debéis comprender que me gustaría saber todo de vos para poder rezar por vuestra alma.

Vine al mundo un día de aquel verano llamado del fuego, porque los bosques agostados ardían solos. ¡Diabólico tributo a la descendiente directa de un cardenal! «¡Grande hasta en sus pecados!», como diría en su momento la Católica Isabel.

Quizá por esta causa mi madre sufrió mucho en el trance, y a punto estuve yo de morir. Pero me encomendaron a Nuestra Señora del Puig y enseguida aquélla sin peligro estaba, y mi padre también muy alegre aunque yo fuese niña, pensando que a Nuestro Señor le placería darle después hijos varones, muchos y buenos. Sin embargo, mi madre nunca volvería a parir.

Durante mis primeros meses de vida se rezaba diariamente el rosario para que sobreviviera, pues yo era muy menuda y de escasa salud. De ahí mi temor, desde que fui mujer, a heredar esta desgraciada condición: la infertilidad.

Dicen que siempre fui pequeña de cuerpo pero bien proporcionada, además de una niña impaciente y muy consentida, a pesar de los esfuerzos de mi aya por educarme severamente: demasiados intereses y miradas se dirigían hacia mí, yo lo sabía, y mi madre siempre aceptaba mis peticiones. No recuerdo un solo castigo impuesto por ella, pero sí su empeño porque bordara, paseara y rezara, tareas que eran para ella su único pasatiempo.

Físicamente, ya desde niña dijeron que yo era más Mendoza que de la Cerda, de lo cual me siento halagada, pues la belleza de mis antecesores mendocinos es bien conocida, y esta herencia es fuerte, ya que vos, hija, os parecéis más a mí que a vuestro padre. Sobre todo en el pelo, que aunque ya cano, lo recuerdo exacto al vuestro. De niña me encantaba que me lo cepillasen durante horas antes de recogerlo. Aquel masaje que el peine producía en mis sienes conseguía calmar y sosegar mis ajetreados ánimos; y gracias a este quehacer diario lograban que estuviera por lo menos un rato quieta y relajada

Mi padre, como buen Mendoza, sospechó ya cuando cumplí los ocho años que su descendencia no sería más larga. Decidió entonces hacer conmigo lo que habría hecho con un hijo varón: así fue como yo le acompañaba a cacerías. Aunque iba en litera hasta el campo, allí montábamos y cabalgábamos durante horas en busca de una presa. Yo montaba a lo amazona, pero llegué a aprender a lo jineta y a manejar la brida como los grandes hombres de a caballo.

Recuerdo mi primer potro, al que llamé *Hermano*, supongo que a falta de uno de verdad con quien compartir mi existencia. Un año después supe tirar con ballesta, aunque pequeña. Pero nada era parecido a la cetrería, la caza con halcones me apasionaba de tal modo que las horas con aquellas aves se me hacían minutos.

Mis incesantes esfuerzos por igualarme a los hombres tanto en el pensamiento como en las actuaciones tenían un único fin: menguar el dolor de mi padre por no tener aquella descendencia masculina tan deseada. Por aquellos tiempos sólo pensaba en contentarle.

Un día salí de caza, acompañada únicamente de dos monteros. Al regresar mi felicidad era inmensa pues llevaba colgadas de mi cincha tres liebres. ¡Mis primeras tres presas conseguidas sin ayuda!

Cuando ya divisábamos la casa, recuerdo el latir acelerado de mi corazón, mi señor padre por fin se sentiría orgulloso de mí.

Al entrar en la sala en la que se encontraba, se levantó de inmediato, frunció el ceño y me miró altivo. ¿Por qué aquel hombre por el cual respiraba se obcecaba en transformar mis alegrías en decepciones en un solo segundo?

No pude articular palabra.

–Veo que ya no sabéis bien qué hacer para convertiros en lo que no sois y nunca seréis –me dijo él en cambio.

Salí sollozando. ¿Acaso no percibía que todo lo que hacía era por él?

No disfrutaba de igual modo con las lecturas y lecciones de mi maestro de letras, siempre hablándome en latín, que yo procuraba escribir y leer a la perfección. No me gustaban las horas de estudio, pero era obligación que debía cumplirse si después quería dedicar mi tiempo a otros menesteres.

Así fue que los quehaceres de los hombres me satisfacían más que los de las hembras. Mas en el vestir era sumamente presumida y disfrutaba con los trajes nuevos que me hacían las costureras de casa. Para la Primera Comunión me dejaron vestir de colores y traer cosas de oro y seda. La tela de mi saya era de un brocado de raso y oro, venida de Flandes, con mangas anchas, forradas de terciopelo amarillo de dos pelos con su gorrete. Su textura y color me entusiasmaron. También me obsequiaron mis padres con un collar de gruesas perlas del que pendía una cruz guarnecida de diamantes y esmeraldas.

Sin embargo mi única preocupación era demostrar a mi padre mis dotes masculinas.

Un día que parecía estar de mejores humores le reté a tirar de esgrima conmigo. Mi sorpresa fue gratísima cuando accedió. Aquella misma tarde le demostraría mi facilidad para manejar el florete.

Pero mi impaciencia comenzó apenas terminé de engullir el desayuno. Tenía que practicar, mas mi Maestro de armas no llegaría ¡hasta pasado el mediodía! Era demasiado tiempo para esperarlo cruzada de brazos. Fue así como pensé en un sustituto contra quien tirar. ¡Y quién mejor que aquel paje que, aunque pequeño, era muy hábil! No sería capaz de negarme la colaboración que necesitaba.

Mientras le esperaba observaba una vitrina cargada de espadas, rodelas, montantes y floretes; parecían desear ser empuñados por mi diestra mano y colaborar en mi singular destreza.

Abrí la puerta de aquel inmenso mueble, y después de dudar unos instantes, me decidí por el florete. Nada más empuñarlo entró el paje, exhausto y corriendo.

No me enfadé, ¿para qué? El pobre venía con la cara desencajada, si le gritaba tardaríamos más aún en comenzar. Tomé un segundo florete y lo lancé hacia él diciendo:

–¡En guardia!

En ese mismo instante sentí como si algo tirase de mi cuerpo hacia delante y tropecé. El destino y mi euforia quisieron que me pisara el sayo y mi cabeza fuese justo a parar al florete del paje.

Aunque éste quiso apartarlo, un vil diablillo dirigiendo su mano ensartó mi ojo en la punta de su arma.

Perdí mucha sangre y los médicos llegaron a temer por mi vida, pero gracias a mi patrona santa Ana, a mi fortaleza habitual y a mis fuertes deseos de no abandonar esta vida, pronto recuperé la salud.

No sucedería lo mismo con mi ojo.

Sucumbí a una profunda tristeza. Al mirarme en el espejo,

recordaba aquellos halagos sobre mi belleza que en tantas ocasiones había escuchado; sin embargo mi madre consiguió sacarme de semejante pesar hábilmente. Fue la primera persona que con cariño me llamó *tuerta,* y quizá por ello toleré este apodo toda mi vida y pude llevar el parche sin vergüenza. Muy pronto, en concordancia con mi carácter, convertí mi defecto –para unos lo era– en una virtud, pues me percaté de que allí donde me hallase era el centro de atención.

La verdad es que la cicatriz apenas se vislumbraba. Desapareció pronto, y esto me permitió usar de un parche que luego se convertiría en el notable aderezo de mi indumentaria, logrando fomentar mi presunción. Lo combinaba con el tono de mis vestidos como si de una joya más se tratase, e incluso años después, viviendo en Madrid e inmersa en la Corte, me valía de perlas, o de mi propio pelo trenzado, para asirlo a mi cabeza, idea que chocó en un principio a las damas, que al fin hubieron de reconocer una vez más mi originalidad, mi cualidad predilecta.

Curioso me parece ahora que esa cicatriz no me agobiara cuando pensaba en el matrimonio. Pero mi señora madre bien me había enseñado desde mi más tierna infancia que el desposorio era una obligación semejante a la de estudiar latín, así como una manera más de engrandecer a la familia. Poco importaba una herida cuando una oportunidad se mostraba.

La prueba de ello se vio un día en que mi padre me leyó una carta enviada por el príncipe Felipe.

> «De los mayores cuidados que tengo para más acrecentar y sublimar a don Ruy Gómez de Silva, es el procurar casarlo lo más altamente posible; con esto, además de honrarlo, le doy parientes y defensores que lo amparen en Castilla. Siendo vos perteneciente a una de las mejores

casas de España, y teniendo por hija a doña Ana, es mi deseo que accedáis a darla en matrimonio a mi fiel servidor».

Así fue como mis padres comprometieron gustosos mi mano. Al año siguiente viajarían a Madrid para que el príncipe firmara los asientos, capitulaciones de mi casamiento, y el término de dos años para mi velación ante nuestra Santa Madre Iglesia; pues bien sabéis que la velación es la parte fundamental del sacramento matrimonial, y yo todavía no estaba capacitada para cumplirlo.

Aquello me alegró enormemente, pues significaba que seguiría viviendo en casa con mis padres por dos años más.

Sobre todo despues de oír la respuesta de mi padre cuando le pregunté si con la carta había llegado algún retrato.

–No nos envió pintura que lo represente, pero os lo describiré lo mejor que pueda: es un caballero apuesto y distinguido, de mediana estatura y esqueleto sutil, de movimientos graciosos y sobre todo lleno de gentileza, mucho mayor que vos pero sin duda juicioso y capaz de haceros feliz.

2

EL PRÍNCIPE EN MIS BODAS
(1552)

Hacía cerca de media hora que andaba apoyada en el alféizar de la ventana, atisbando entre las celosías. Había llegado el momento, sólo me quedaba un día para tomar estado. Por fin conocería al hombre junto al cual debía pasar el resto de mi vida.

Entusiasmada, vi que cabalgaba vestido de sayo y bohemio de gorgorán pardo, guarnecido de pasamanos de oro, calzas encarnadas y jubón de tela amarilla.

Pero a medida que se fue acercando y sus facciones se hacían más claras a mis ojos, más bien me pareció casi anciano; a mis doce años me impactó tanto, que recuerdo haberlo comparado incluso con mi padre.

Pensé que mejor sería no profundizar en detalles que no podían eludir ni cambiar mi obligación al casamiento. Habida cuenta de mi ojo, mejor sería apreciar las virtudes que los defectos.

A toda prisa fui a la capilla, en donde se hallaban mis señores padres recogidos oyendo misa. Acababa de sentarme cuando él entró con andares elegantes. Parecióme un viejo de nuevo, pues más de cerca caneaba y le faltaba ya algún diente.

Después de inclinarse ante Dios Nuestro Señor, se echó a los pies de mi señor padre pidiéndole las manos, luego nos las besó a las señoras, primero a tu abuela y después a la que te habla. Su mirada hacia mí fue penetrante y duró un segundo, pues bien sabía que no se ha de mirar fijamente a los ojos de una dama en público. Yo sí le miré con detenimiento, y por primera vez sentí miedo a lo desconocido. Después de pedirme la mano, yo pedí las suyas, y los dos regresamos al lugar que se nos señaló.

Su voz era clara y sosegada al igual que sus movimientos. Mas ¿qué pensaría él de mi persona? Sin duda estaba encantado. Al día siguiente sería dueño de una niña dulce y bella que en poco tiempo pariría hijos sanos.

La misa prosiguió, pero incapaz fui de seguirla, pues, disimuladamente, analizaba a vuestro padre centímetro a centímetro y movimiento a movimiento. Me sentía muy lejana. Con ayuda de Dios, así se lo pedí entonces, confiaba en que llegaríamos a entendernos. Cuando más nerviosa me sentí fue en la comunión, al verle pasar frente a mí de nuevo. Pero muy rápido me consolé pensando que dos años eran un largo tiempo para asimilar la idea. Al finalizar los divinos oficios, vuestro padre se despidió afectuosamente de todos y se fue.

Toda la casa rebosaba de gentes y sirvientes corriendo de sala en sala para que ningún detalle faltase. Gastadores, piqueros y jardineros trabajaban afanosamente en los alrededores de nuestra casa al son de trompetas y atabales. En los patios y despensas entraban sin descanso provisiones para las celebraciones de mi boda. Carros provenientes de todas las aldeas de los alrededores portaban perdices, cabritos, vacas, terneras, aves, pescados. Habían traído también una carga de perazas y otra de camuezas, así como espárragos de Talavera enviados por su corregidor, amén de trigo y cebada en abundancia. Llegaban sin cesar presentes de nuestros vasallos, como salmón, escabeche de las montañas del norte y ostras frescas.

Además de la servidumbre de casa, se habían traído cocineros, veedores de mesa, botilleros, reposteros de plata, de estrados y de ropa blanca. Casi no se podía andar por los pasillos, pues el hervidero de personas era terrible. Yo pasaba horas observándolo todo, y lo más curioso era que ninguno de ellos chocaba con otro, pues el orden de sus pasos era similar al de un hormiguero.

Era domingo. Mi santa seguro que me acompañaría y favorecería en esa gran jornada. A las doce habíamos de entrar en la iglesia, y ya me retrasaba cuando mi señora madre entró en mis aposentos portando una diadema que jamás vi anteriormente, cuajada de brillantes y rubíes. De inmediato me la colocaron sobre el recogido de mi melena.

Lo que más ilusión me causó fueron unos chapines con cintas de raso color encarnado al igual que mi saya, toda bordada de oro. Al colocarlos en mis pies ¡crecí casi un palmo! Era lo único que me faltaba para sentirme realmente grandiosa. No quería despegarme del espejo, porque parecía al menos cinco años mayor de lo que era y me imaginaba que así sería cuando me convirtiese en una gran dama.

En ese momento entró una enana anunciando la llegada del príncipe Felipe, ¡nada menos que para apadrinarnos!

Vestida estaba y me dispuse a salir de mis aposentos. Bajé las escaleras de caracol que daban al salón de linajes con sumo cuidado, pues tropezar no quería y difícil me era andar deprisa con mis chapines nuevos. Al entrar en el salón, señoras engalanadas y caballeros venidos de todas partes me esperaban. En un gran estrado, bajo un dosel, se encontraban mis señores padres con los duques del Infantado y toda la familia más cercana. ¡Nunca vi tantos Mendoza reunidos!

Cientos de ojos, muchos de ellos desconocidos, se centraban en mi persona. Aquella sensación de escudriño a la que me estaba viendo sometida debería de haber amedrentado a una frágil niña como yo, pero no fue así. Me erguí aún más de lo que estaba y proseguí mi majestuoso paseo.

Al solemne silencio, siguió música de trompetas y atabales. En el exterior, y casi al mismo tiempo, comenzaron a sonar las salvas de los mosqueteros que fuera aguardaban a su alteza.

Presta comencé a andar junto a mis padres y en pos de nosotros toda la comitiva nos siguió. Aunque en abril estábamos, el día era claro y ni una leve brisa corría. En la puerta vimos que desde la lejanía se acercaba ya el príncipe, acompañado de unos cincuenta caballos. Junto a él cabalgaba mi futuro esposo, que traía puesto, a tono con mi saya, unas calzas y jubón de tela encarnada y capa de terciopelo. Confieso que lo encontré muy apuesto.

Sin embargo, ya en el templo, llegado el momento de mi aceptación tardé en contestar. Un freno parecía paralizar mi lengua.

Antes de hacerlo miré primero a mi padre, que asintió con la cabeza, pues pensó que solicitaba su último consentimiento. Luego dirigí la mirada hacia mi madre, en la cual me pareció percibir una sonrisa cargada de dolor, y por último miré a Ruy. Entonces sentí como si una ola en mi interior trepara hacia mi garganta.

Preparativos, vestidos, joyas y nervios no me habían dejado reflexionar hasta ese preciso momento sobre lo que en realidad estaba haciendo. Era mi deber, de acuerdo, pero ¿por qué crecer tan rápido y admitir responsabilidades demasiado prematuras para mi edad? No lo sé, lo cierto es que aquellas dudas se prolongaron el tiempo que restaba de la misa. Lo hecho, hecho estaba y así debía ser.

Al regresar a casa continuaron los festejos. Se corrieron en la plaza cinco toros bravos y luego comenzó el juego de cañas, con seis cuadrillas de seis jinetes cada una, donde participaron los invitados más ilustres, incluido vuestro abuelo, que lució mucho.

Al finalizar pasamos todos a vestirnos de nuevo pues un gran baile de máscaras se había dispuesto en el palacio. Me sentía rendida porque intenso había sido el día y a esas horas normalmente ya en la cama me encontraba. Pero bajé al salón. Fue entonces cuando su alteza me dirigió la palabra por vez primera solicitándome inaugurar el baile.

Era más alto que yo, y eso hizo que me sintiera más cohibida de lo que estaba. Sus vivísimos ojos azules, el pelo rubio y la grave solemnidad colaboraron para estimular mi nerviosismo. Noté cómo el rubor se alzaba en mis mejillas. Él debió de sentirlo, pues su mirada afable y cariñosa procuró tranquilizarme, y al tiempo que me tendía la mano dijo:

–No os preocupéis pues no soy gran bailarín, y aunque vos mucho tiempo tampoco tuvisteis de practicar, seguro estoy de que daremos juntos buenos y grandes pasos.

Comenzó el baile y todas las miradas se clavaron en nosotros. Recuerdo que al mirarle sus labios carnosos y la barba saliente pensé que algo debía decir yo, pues no estaba bien callar cuando un príncipe otorgaba a una dama ese honor. Entonces le dije:

–Alteza, me someto enteramente a vos y a aquello que queráis.

3

DESPOSADA SIN MARIDO

Abrumado de esta tarea en la cual no se me permite descuidar un detalle ni en las minucias, me veo con frecuencia obligado a transcribir las cartas de

Mi Señor don Felipe de mi propia mano, en letra reposada, oficial y hierática. Esto, unido al trabajo y relaciones, no me dejan escribiros ni las más míseras líneas.

María Tudor es muy gran señora y excelente persona, pero más vieja aún de lo que se nos decía.

Mi señor, correcto siempre con ella, no le manifiesta nada que pueda creer que ha pasado ya de la edad de las pasiones.

A mi parecer, si la reina vistiera el traje y tocado a la usanza de las damas de nuestro país, pareciera menos vieja y trasnochada. Pero mi Señor sabe que este matrimonio no se ha contraído para satisfacer sus apetitos y sí para conceder un heredero a las coronas española e inglesa, que ambas están muy necesitadas de ello.

Cuando Dios nuestro Señor conceda a los dos este propo-

sito podremos regresar, y así cumplir nosotros con el mismo deber que ellos.

Después de leer aquellas letras, seguía sintiéndome lejana a mi marido. Un año después de nuestro casamiento, vuestro padre había acompañado a Inglaterra a su alteza, y no regresaría a España hasta tres años más tarde. No habíamos hablado a solas ni un solo instante.

En todas sus cartas no hacía más que hablarme de don Felipe, como si estuviera familiarizada con él, y de describirme tierras lejanas que no me interesaban ni atraían en absoluto. Sus halagos tampoco me hacían mella. ¿Cómo podía desear cegarse con mi rostro, si tanto éste como mi figura habían cambiado en todo, excepto en lo del parche?

Los dos años señalados para nuestra velación matrimonial habían pasado, y ya estaba yo lo suficientemente desarrollada como para cumplir con esa obligación y consumar el matrimonio. Deseaba tener mi primer hijo lo antes posible.

Cuando por fin conseguimos reunirnos lo encontré más envejecido, y ya canas tenía hasta en la barba. Pero lo que más me impresionó fueron sus negros ojos. La primera noche juntos no supe cómo retener por más tiempo a mi doncella en mi aposento. Supongo que las excusas se agotaron y más aún cuando vuestro padre entró e hizo una discreta seña para que nos dejara a solas. Fue entonces cuando descubrí aquellos placeres de alcoba de los cuales tanto hablaban entre cuchicheos las sirvientas. Y bien digo los descubrí, porque para seros franca no tuve la oportunidad de saber lo que era el disfrutarlos hasta pasados algunos años.

De todos modos vuestro padre logró en muy poco tiempo espantar todos mis temores, y después de esa noche, muchas veces me visitó y nunca dejó de mostrar gran delicadeza para conmigo.

Pero Dios estaba con nosotros, porque sólo tres meses después se confirmó mi embarazo. Mi miedo secreto quedó así disipado. Siempre temí no ser fértil, pues mi aya, desde que era párvula, me decía que si a una mujer Dios no le otorgaba hijos como a las mulas en ella se acabaría su sangre.

Apenas pasados unos días de su tan ansiado regreso, tu padre marchó rumbo a Roncesvalles. Se tenía que unir por orden del rey a la comitiva que iba a recibir a la futura reina Isabel. Después de tantos años esperando, otra vez me encontraba sola. Sólo tenía como compañía a mis doncellas y a una hermana de Ruy.

Recién llegada de Portugal estaba vuestra tía, y no parecía entender mi pasión por los quehaceres de los hombres. Me reprendía siempre por todo. Mi felicidad, tristeza y enojo le producían. El negro era su color y el paño su tela. Gracias al Señor, al nacer tus hermanos repartió con habilidad sus malos humores entre todos, y mi ración quedó un poco más menguada.

Para mi consuelo y tranquilidad, Dios quiso llamar a aquella amargada mujer justo un año antes de la muerte de vuestro padre, por lo que vos tuvisteis la inmensa suerte de no llegar a conocerla.

Partí a Guadalajara dos meses después. Allí fue donde vi por primera ver a doña Isabel. Una niña era, y su pureza y belleza a todos nos entusiasmó. Cinco días durarían las fiestas de bodas y tornabodas, con meriendas y cenas seguidas de bailes, y hasta una corrida de toros y leones.

Durante uno de aquellos bailes, una gallarda empezó a sonar. Los músicos tañían sus instrumentos, y todos en corro nos pusimos para pasarnos el hacha.

Acabada la danza me dirigí hacia donde la reina se encontraba. Se veía que ganas tenía de conocer damas jóvenes, pues de viejas se había visto rodeada durante toda la noche. De pronto, mis piernas empezaron a temblar y caí desmayada.

Mi embarazo grandes mareos me causaría los tres primeros meses, pues casi nada podía tragar hasta pasadas unas horas del despertar. Aun así, la felicidad de mi maternidad me consolaba. ¿Sería niño? Este ruego a la Virgen lo repetía a diario y varias veces.

Una mañana comencé a sentir leves pinchazos y tan sólo dos horas después una garra en mi interior parecióme que me arrancaba las entrañas. Al final se extendieron los dolores a los riñones, y tales eran que de la paridera me levantaron para tumbarme en mi lecho, pues cada vez que aparecía curvaba mi espalda como la de un gato, pero al revés, y me parecía que tenía dos dagas entre las sábanas.

Todo fue bien a pesar de aquel dolor. Jamás antes vi a vuestro padre tan contento, y lo cierto es que nunca lo volvería a ver. Su pacifismo habitual no le dejaba perder los nervios, ni exteriorizar el más mínimo sentimiento. Aquello me enterneció, porque fue una de aquellas raras veces en que sin oírlo pronunciar palabra supe lo que pasaba por su discreta mente.

Aquella felicidad plena que me invadía a diario no duró mucho; vuestro hermano enfermó al mes de nacer.

Así pues, la alegría se transformó en tristeza. Pero el día en que murió algo extraño se produjo en mí. Aquella angustia que sufrí durante el último mes cesó de tal manera que ni una lágrima conseguí derramar, hasta tres días después. En realidad era como si Dios Nuestro Señor quisiera que descansáramos.

Una tarde se presentó la reina para manifestarme su pesar por lo ocurrido: a sus quince años, sabía muy bien como consolar la desgracia. Me dijo que en casa no podía quedarme por mucho tiempo sola porque aquello acrecentaría mi dolor y ningún bien me haría, y me ordenó verla fuera, pues el rey iba a ausentarse y ella también sola quedaba. Agregó que el mismo don Felipe veía con buen ojo que le tuviese compañía.

Así lo hice. Recuerdo que salimos a pasear por las alamedas de Aranjuez y pasamos largo rato hablando de cosas que doña Isabel gustaba de saber.

Tiempo después recibí una carta de la reina Catalina de Francia, mostrándome su gratitud por mi amistad con su hija y pidiéndome que si en algún momento triste la encontraba se lo comunicara de inmediato.

La indicación del rey se unió así a la madre de la reina. El disgusto por la muerte de mi primer hijo empezó entonces a desaparecer.

Sobre todo cuando pasados unos meses supe que otra criatura se formaba en mi interior. Después de contárselo a tu padre, la primera persona a quien se lo dije fue a la reina.

Dejando de lado todo protocolo, doña Isabel me abrazó y me besó como a una hermana. Fue entonces que me di cuenta de lo generosa señora que era, pues en la corte empezaba casi a reprochársele que hubiese pasado tanto tiempo de la boda y todavía no se hubiese hecho mujer para poderle dar un hijo al rey. A pesar de que don Felipe tratara de ocultarlo, abrigaba serias dudas sobre las capacidades de don Carlos para sucederle. Porque la verdad era que el carácter de éste se volvía cada vez más estrafalario.

4

PRIMEROS AÑOS DE MATRIMONIO (1561-1563)

Estábamos apoyadas en la barandilla del balcón cuando la reina me dijo:

–Ana, he de confiaros algo que no me llena en absoluto.

–Mi señora, si os he ofendido...

Me miró con sorpresa.

–Por Dios, no sois vos la causa de mis desvelos. Muy al contrario, vuestra presencia me satisface y sosiega en muchas ocasiones.

Se quedó mirando con desagrado una escena que se desarrollaba en la gran plaza que se abría, apenas traspasadas las puertas del Alcázar.

Supuse que no estaría contenta con el lugar donde residíamos.

Toledo era muy bella, sin duda, y tenía algo indescriptible que cautivaba a todos los forasteros, pero la muchedumbre convivía prácticamente con nosotros.

Bastaba ver si no a aquellos hombres asando un par de gallinas a una decena de metros de donde nos encontrábamos.

Tenía entendido que en París los miembros de la familia real veían al pueblo solamente si querían. En cambio aquí, era suficiente abrir una ventana para encontrarse con sus caras, oír sus cantes y respirar sus olores.

–Señora –decidí decirle–, España es austera en comparación con el resto de los países que nos rodean. En muchas cosas somos campechanos, y aunque nuestro imperio llegue hasta horizontes lejanos, en nuestras casas, e incluso en la corte, la vida a veces es muy sencilla y se aleja de las grandes pompas.

Ella me miró y sonrió.

–Oh, no, Ana, no se trata de eso. Además, Felipe me ha prometido que dentro de poco nos trasladaremos todos a Madrid –dijo con gran espontaneidad, para volverse seria de golpe–. Es por don Carlos. Conmigo guarda una exquisita delicadeza en el trato, pero la frialdad para con su padre en algunos momentos es sólo equivalente a la agresividad de otros. Ello me preocupa. Tanto que a veces he llegado a preguntarme si el origen de este problema no será una limitación de mi real esposo.

Hablaba al mismo tiempo que pensaba, sin medir lo que decía, con la gravedad de su posición y la frescura de sus jóvenes años. Aquello me agradó, pues demostraba su plena confianza en mí. De todos modos, me debatía entre la natural curiosidad de saber más y el tener que, de alguna manera, contradecirla, contándole claramente lo que se rumoreaba en la corte. Esto es, que el príncipe hubiera heredado la enfermedad mental de su abuela Juana y que sus constantes cambios de carácter y su violencia eran un verdadero problema político para su padre.

Tomando ejemplo de la discreción aprendida de Ruy le dije:

–Don Felipe es comprensivo, y seguro que os amará aún más cuando vea que confiáis en él y le hacéis partícipe de vuestras preocupaciones tal como me las habéis expuesto a mí.

De pronto ella volvió a parecer animada, y mirándome con una sonrisa pasó su mano sobre la mía a modo de agradecimiento.

Por supuesto, no me quedé del todo convencida del valor de mis servicios. Pero sus cuidados sobre don Carlos enseguida desaparecieron de mi mente llevados por mis fantasías sobre el traslado de la corte a Madrid, que según las palabras de la reina era dado por hecho.

Como mujer casada y madre, me había parecido hasta entonces que mi vida no se completaría hasta que no tuviera una cosa que fuese totalmente mía.

Siempre había tenido en la mente esta gran casa de Pastrana que perteneció a mi abuela. Si la había descartado era por su relativa lejanía de la corte en Toledo. Pero si ahora nos trasladábamos a Madrid, la distancia se acortaría considerablemente.

¿Me creeréis, Ana, si os digo que mientras doña Isabel me exponía sus sufrimientos por don Carlos yo estaba pensando en cómo plantearle a vuestro padre el asunto de la compra de Pastrana apenas pudiera hablar con él?

Entusiasmada estaba en aquellos planes cuando uno de los sirvientes llegó con una carta para Ruy.

Pocas oportunidades tenía de hablarle detenidamente. Trabajaba en los despachos a todas horas, y claro resultaba que su vida la había encomendado al rey, como nadie en la corte. En ocasiones amanecía sin que regresara, y en los desayunos aparecía como si de una batalla volviese. El cansancio figuraba en su rostro claramente. Pero el rey, cuando no dormía, necesitaba compañía, y puedes suponer quién se la daba.

Pues bien, comprenderéis también con cuánta impaciencia lo observé leer aquella carta.

Mientras se apresuraba a la puerta, después de haberme besado la mano, casi le grité:

–Si el rey te encomienda que le prepares nueva casa en Madrid, podríamos hacerlo también nosotros.

Su mirada me demostró que había hecho blanco pero también me hizo dar cuenta de mi superficialidad, por lo que me prometí a mí misma no hablar de Pastrana hasta ver a vuestro padre más reposado. Pero esa noche, al regresar, Ruy me confirmó que, efectivamente, todos nos trasladaríamos a Madrid en breve, y de inmediato empecé a imaginar lo que sería la corte en esa ciudad.

Los reyes se irían al Alcázar y nosotros compraríamos una gran casa muy cerca de éste, al que se podría llegar a pie o en litera, sin necesidad alguna de carruajes.

Los pocos meses que nos quedaban por pasar en Toledo no serían ni mucho menos monótonos.

Un afán de diversiones nunca antes sentido parecía haberse apoderado de mí, pues no acabada una fiesta que ya deseaba tomar parte en otra.

Hubieseis visto la euforia con que me lancé a preparar los cercanos carnavales y la felicidad que me produjo el darme cuenta de que mi vestido de corsaria fue el que más envidia causó, ya que mi parche le daba un aire de lo más real.

¡Las telas y brocados se habían confeccionado nada menos que en Venecia!

Como vuestro padre estaba de viaje, aproveché incluso la ocasión para arrancar al disfraz la incómoda gola que todo lo tapaba y sustituirla por un pronunciado escote, cubierto únicamente de gasa fina, que dejaba imaginar el final de mi cuello y principio de mis pechos, tan tersos en esa época que era una pena no lucirlos.

En mis insaciadas ganas de vivir apenas me daba cuenta de la tristeza en la que de pronto había caído la reina, y no bien acabado el carnaval esperé con ansia la Semana Santa para recrearme con las procesiones que invadirían las calles de Toledo.

El domingo de Ramos los olivos circundantes a la ciudad corrían el riesgo de quedar completamente desmochados, pues al amanecer todos salían al campo en busca de ramas para acompañar el paso del Cristo.

El Jueves Santo las calles se tornaban oscuras, hasta en las casas más humildes las telas negras cubrían los balcones, y las puertas se cerraban. Las gentes salían al atardecer para seguir la procesión, orando con devoción y en silencio.

Muchos penitentes acompañaban a las imágenes de Cristo Nuestro Señor Crucificado en brazos de la Santísima Virgen María. El Via Crucis era seguido por un incalculable número de nazarenos con los pies descalzos, que cargaban con su propia cruz. Los que no llevaban peso alguno portaban cirios encendidos.

Participar de todo ello, incluidas las largas plegarias, me colmaba enormemente.

Las mayores rogativas se ofrecían por la reina, para que pronto pudiese tener hijos, pues el pueblo poco oía hablar de don Carlos, pero lo que escuchaba no le gustaba.

Tampoco aquello me ayudó a darme cuenta de lo que se estaba cociendo en el futuro del príncipe. De ser así podría haber recomendado a doña Isabel que no se expusiera a inútiles sufrimientos por su causa.

Pero yo sólo esperaba cada mañana para asomarme al balcón a ver cómo resbalaban las gentes por las calles a causa de la cera que quedaba en el suelo de la noche anterior.

Mas rápido comprendí que debía intervenir para aliviar de inútiles preocupaciones a la reina. Fue durante un pequeño auto de fe al que me tocó asistir poco antes de que abandonáramos la ciudad.

El rey había solicitado a doña Isabel su presencia, y yo, haciendo un esfuerzo, pues ese tipo de espectáculos nunca me había atraído, me ofrecí a acompañarla. Por fortuna, la piedad nos autorizaba a asistir sólo a la ceremonia religiosa.

El sol comenzaba a salir mientras la carroza de la reina se dirigía hacia la plaza. Las masas llenaban las calles circundantes, por lo que era de suponer que el centro sería un verdadero enjambre.

La guardia andaba a empellones con el gentío para abrirnos paso.

La carroza se bamboleó y la reina me asió del brazo.

–Ana, decidme, ¿es normal este gentío?

–Señora, casi todos están aquí por dos motivos. El primero es que quieren conoceros en persona, y el segundo que desean obtener los cuarenta días de indulgencia plenaria que se les prometió.

La calle se ensanchó y aparecimos en la ya soleada plaza. Una gran tribuna cubierta de rica tapicería nos esperaba.

Mi lugar estaba con los Grandes, pero la reina ordenó que se dispusiera una banqueta a su lado para mí. Algunas miradas se cruzaron entre los asistentes.

No me importó. ¡Allá ellos con sus envidias!

Las campanas dieron la señal.

Mi señora fruncía el ceño, de modo apenas perceptible, cada vez que oía un gemido. El verdugo fustigaba sin piedad, contando, no exento de deleite, el número de veces que había de golpear.

La reina quería regresar al Alcázar pero el rey la obligó a seguirle. Como supondréis, no me separé de ella. Su pesar era inmenso, pero sabía muy bien cómo fingir y así lo hizo.

Nos trasladamos a las afueras, donde el quemadero estaba preparado para cumplir su misión. A estas alturas de la tarde y sólo habiéndonos retirado para almorzar rápidamente, la reina se encontraba exhausta, pero hasta entonces en ningún momento se había quejado.

Los condenados empezaron a ser echados a la hoguera uno a uno y sólo la sobrina de un noble recibió el trato de favor de ser estrangulada antes de sucumbir. Aun así, la pobre mujer no pudo evitar un grito patético.

Entonces en la tribuna sonó una carcajada proveniente de don Carlos.

Habitualmente sólo la reina miraba con auténtica piedad al príncipe, el único que ahora parecía disfrutar de verdad con el dantesco espectáculo. Todos los demás miembros de la corte sabíamos que el sufrimiento de cualquier ser vivo parecía provocar en él un sentimiento placentero que no lográbamos entender.

Su crueldad con los animales y sirvientes era bien conocida. Y entre la servidumbre se comentaba que trataba igual a las bestias que a las mujeres con las cuales yacía íntima y privadamente. No llegaba a matarlas, pero llenaba sus cuerpos de moraduras y heridas. Las sometía a tantas vejaciones que alguna de ellas perdió el honor al contarlo, sin el menor miedo a sufrir las consecuencias.

Sin embargo, aquella vez me pareció notar en la mirada que doña Isabel dirigió a su hijastro una expresión más cercana al temor que a la piedad.

Recordé entonces sus preocupaciones sobre la relación entre don Carlos y el rey, y me pregunté si las esporádicas tristezas que yo había atribuido al hecho de no quedar embarazada no tendrían su causa en don Carlos.

Me prometí ser menos egoísta y menos diplomática la próxima vez que surgiera la oportunidad de hablar del asunto.

Como casi todas las promesas que los humanos solemos hacernos, ésta también llegaría un poco tarde.

5

La corte se traslada a Madrid

Dos o tres días después, el rey partió inesperadamente hacia Alcalá, donde estudiaba el príncipe, cabalgando casi sin escolta.

En vez que a los libros, don Carlos había dedicado el día anterior a la caza y captura de jóvenes sirvientas. Como ya le era difícil encontrar a alguna incauta, comenzó a perseguir a la hija de uno de los porteros de la casa en la que allí vivía. Ella no quiso ceder a sus propósitos y salió corriendo. Don Carlos la persiguió como un demonio, pero cayó escaleras abajo, con tan mala fortuna que su cabeza se dio contra una puerta entreabierta.

Lo encontraron maltrecho, sangrando por la cabeza e inconsciente. Los médicos dudaban de que el enfermo saliera de aquel trance, pues aunque su corazón latía parecía muerto.

La reina permaneció encerrada todo el día en sus aposentos. Al caer la tarde recibí orden de ir a visitarla. Cuando entré vi que las ojeras resaltaban sobre su blanca piel. Seguramente no había podido dormir la noche anterior.

Acababa de recibir un billete de su marido.

Dejándolo sobre una mesa, dijo:

–La herida de la cabeza no mejora en absoluto. El cuerpo de don Carlos yace como un tronco inerte sobre su lecho, rodeado de médicos. Se mueve sólo cuando alguno lo ase para colocarle sanguijuelas repugnantes o bálsamos del mismo estilo.

Se notaba que sufría. Pero sus sufrimientos eran de índole compleja.

–Felipe no se separa de los pies del lecho de su hijo. Para colmo la corte comienza a murmurar que no será capaz de dar a España un heredero digno. Y casi todo lo achacan a que no elige bien a sus mujeres. La primera sólo fue capaz de darle a don Carlos, que lo único que le ha proporcionado desde su infancia han sido quebraderos de cabeza, no entiendo cómo he podido estar tan ciega hasta ahora.

»Su segunda mujer era vieja y se rumoreaba que totalmente infértil. Y de mí dicen que yo soy una niña tan delicada que probablemente tampoco pueda cumplir con mi cometido.

Pensé con cuidado mi respuesta de consuelo, porque sabía que los rumores eran ciertos. Además, quería quitar a la reina toda sospecha en el caso de que hubiera oído otras alusiones que se hacían en la corte sobre el fruto de una infundada predilección de su marido por mi persona tiempo atrás.

–Don Carlos, a sus dieciséis años, es joven y fuerte para luchar contra la muerte. Y si Dios nuestro Señor lo llamase a su lado, su lugar lo querría para alguno de vuestros futuros hijos, que sin lugar a dudas serán sanos y fuertes.

Quedó callada por unos instantes y, como si de repente el abatimiento en el que estaba inmersa desapareciera, dijo:

–Confío en vos más que en ninguna de mis damas francesas. Mi señora madre tenía toda la razón en ordenarme que os tomara no sólo como dama sino también como amiga. Lo que acabo de confesaros ruego que no lo hagáis público, ni siquiera a don Ruy. Pues mi madre me contó que, para conquistar a un marido día a día, y sobre todo para asegurarnos de si somos correspondidas, algún secreto debemos guardarles, para que ellos se esfuercen en descubrirlo y nos tengan en su mente continuamente.

Mientras salíamos al balcón le dije:

–Dejando a un lado lo que son mis deberes como súbdita, os diré que desde el primer momento en que os vi noté en vos muchos sentimientos exactos a los que me habían asaltado a mí poco tiempo antes, lo que me causó un apego a vuestra persona que nunca en mi vida había sentido antes hacia nadie. Por lo que os pido disculpas si nunca me atreví a hablar en términos más claros sobre la verdadera naturaleza de don Carlos.

Fui osada al hacer estas confidencias a la reina, pero ella pareció agradecida y por respuesta recibí aquella angelical sonrisa tan suya.

Por fin llegó el rey. Pesar y tristeza marcaban sus rasgos. Según todos los médicos, a don Carlos sólo le quedaban algunas horas de vida.

La ciudad ya estaba prácticamente de luto, con procesiones y rogativas constantes, cuando llegó un mensaje de Alcalá. Los médicos habían intentado una trepanación. Pero al comenzar la perforación de la pared del cráneo, para aliviar al cerebro comprimido por los tumores, se comprobó que las gotas de sangre que rezumaban de la parte porosa del hueso eran de buen color y parecía sano el seso, por lo que se desistió del intento. ¡Don Carlos empezaba a recuperarse! Nunca supimos a qué se debió tan inesperado cambio, pero la mayoría estuvimos de acuerdo en que se trató de un milagro.

Como siempre, el duque de Alba consiguió apuntarse un tanto. Pocos días antes del restablecimiento del príncipe había hecho trasladar el cuerpo embalsamado de un beato franciscano para que el enfermo lo tocara. Don Carlos sanó, el santo fue canonizado inmediatamente por el papa, y la duquesa de Alba no cesó de repetir la historia, enalteciendo a su marido ante todo aquel que tuviese la paciencia de escucharla.

Para mayor felicidad del rey, poco después la reina se hizo mujer. Doña Isabel rebosaba de felicidad. También porque durante esos días su madre le había escrito para que intercediera en todo lo posible a favor de la posible boda entre su hermana Margarita con don Carlos.

Dicha posibilidad no parecía hacerle mucha ilusión, pues desde que había comprendido la verdad sobre don Carlos decía, en privado, que compadecía enormemente a la mujer que para el príncipe fuese destinada. Pero estaba claro que su vida sería mucho mas fácil cuando el rey muriese, con su hermana pequeña como reina de España.

Por entonces, mi madre vino para ayudarme a organizar la mudanza a Madrid, en donde terminadas estaban las obras de restauración del palacio que Ruy había comprado y que, de momento, me habían hecho dejar para más adelante la compra de Pastrana.

La pasión por la pintura había empezado a despertar en mi mente, por lo que adquirimos cuadros de todos los maestros del momento: Tiziano, Gaetano y Antonio Moro. Pero mi mayor gusto fue el retrato que de mi persona hizo entonces Alonso Sánchez Coello, quien se trasladó desde el Alcázar, donde además de pintar era conservador de armas.

Me hizo posar durante casi quince días. Quince ducados le pagamos por el trabajo. El gran pintor de cámara del rey consiguió reproducirme tan fielmente que ahora que miro el cuadro vislumbro cómo era yo. Y lo hago siempre con tristeza, procurando no tener delante espejo alguno donde reflejarme y comparar lo que fui. Pero cierto es que lo que a mí me falta de juventud lo tengo de prudencia, y hasta de inteligencia; no por haber nacido con tales prendas, sino por mucho haber vivido el mundo.

También la reina, feliz como estaba ahora, empezó a interesarse en la pintura. Mas como buena hija de una Médici que era, ante el asombro del rey, lo hizo cogiendo los pinceles. Para lo que hizo venir de Italia una profesora llamada Sofonisba Anguisola. Tan entusiasmada estaba con sus progresos, que consiguió que me uniera a ella en el afán de aprender este arte. Sin embargo pronto lo dejé, porque la paciencia es virtud de la que carezco, pues como sabes uno de mis lemas es «aquí y ahora».

Así, casi todos los días me trasladaba en litera al Alcázar aunque de buena gana hubiera recorrido aquellos escasos metros a pie.

A la reina parecía gustarle Madrid. Pronto la ciudad se amoldó a nosotros, y las fiestas, conciertos, toros y obras representadas en corralas se hicieron más frecuentes.

Doña Isabel gustaba de pasear conmigo y hacerme confidencias. Su castellano ya era perfecto y, salvo un leve acento francés, no tenía ningún problema para comunicarse con los demás. Cada vez se convertía en más española, y siempre del lado de su marido se encontraba si entre su madre y él surgía algún problema.

Dado que doña Catalina lo había empezado a notar, mandó al servicio de su hija a su antigua aya. Una mujer tan delgada que los huesos de su cuerpo parecían un esqueleto con una leve veladura de pellejo ocultándolo.

Aquella mujer conseguía cortar de cuajo nuestras conversaciones en susurros, pues tenía el don del espionaje pintado en su expresión.

Un día estábamos paseando por los jardines, cuchicheando sobre los últimos líos amorosos de algunos de nuestros conocidos. De repente, tomándome del cuello, la reina me atrajo hacia sí y me dijo al oído: «Sígueme». Alzó un poco su falda y salió corriendo. Me quedé paralizada, no era propio de ella, pero al oír a mi espalda el grito impertinente del aya, supe lo que pretendía y salí disparada tras doña Isabel.

Al girar, en la fuente, oí su llamada en voz baja. Allí estaba escondida, bajo un sauce llorón.

Quedamos en silencio. En solo un instante apareció corriendo aquella vieja estaca, tropezó, y cayó justo enfrente de nosotras.

Aún me río al recordar la escena. Las dos la observábamos tapándonos boca y nariz para no soltar una carcajada. En realidad eran los últimos coletazos de nuestros juegos infantiles. Desde muy jóvenes nos habíamos visto obligadas a comportarnos como adultas, y supongo que aquellas vivencias que hubiesen sido más acordes con nosotras años antes luchaban por no quedar retenidas.

Ruy llegó del Alcázar a la hora del almuerzo. Al entrar en la estancia me besó con cariño y me tendió un pliego enrollado, sujeto con una cinta color púrpura. Me pareció una forma bastante extraña de portar un documento. Lo abrí y comencé a leerlo. ¡Eran los acuerdos preliminares para la compra de Pastrana! Nunca pensé que aquello siguiera en su mente. Sabía que había vendido los terrenos de Éboli en Italia, pero pensé que el dinero conseguido lo había invertido con creces en nuestra casa de Madrid. Cuando zalameramente le dije que aquello era más de lo que me esperaba se limitó a responder:

–Os merecéis todo lo que ven vuestros ojos.

Tu padre era parco en piropos. Por ello cuando los decía causaban en mí un sentimiento mucho más profundo que cuando los oía salidos de otros labios. Pues has de saber que aquellos años fueron muy propicios para mi belleza personal, y así como algunas mujeres al quedar preñadas se deforman, hinchan y engordan, a mí me sucedía lo contrario. Según comentaban mis doncellas, parecía tener una vela que iluminaba mi cara desde el interior.

–Pastrana es más hermoso de lo que me describisteis, pero sus estrechas calles están quedando desiertas con el paso de los años –continuó diciendo vuestro padre–. Como en el sur sigue habiendo rebeliones de moriscos, el rey ha pensado en sacar de allí a los conversos para repoblar algunos lugares desiertos en Castilla.

Me miró sonriente y satisfecho.

La verdad es que a mí llenar Pastrana de esa gente no me convencía en absoluto. Había oído hablar en muchas ocasiones de las costumbres de los moros, sepulcros en campo raso en medio de sus propiedades y abluciones antes de los rezos. ¡Imagínate, tanta pulcritud con el cuerpo y tan poca con el alma!

Por otra parte, era sabido que trabajaban de sol a sol sólo con la intención de almacenar dinero y no de enaltecer el espíritu.

Pero me tranquilicé cuando vuestro padre me informó que era un pueblo cumplidor cuando se lo proponía. Además, se les obligaría a abandonar esos velos con que sus mujeres se cubrían, usando en su lugar toca y corpiños. También estarían obligados a aprender castellano a la perfección, a cambiar sus nombres por otros católicos y dejarnos entrar en sus casas si lo requeríamos.

Por lo que respecta al rito de las abluciones se les prohibiría tomar baños, so pena de diez años de galeras.

La lista de reglas y obligaciones que tu padre siguió enumerando era tan larga, que pensé que aquellos infelices probablemente acabarían olvidando hasta quiénes fueron.

Aquel verano fue caluroso. Toda la corte se trasladó a los diferentes lugares en donde poseían señoríos. Ruy se fue a Aranjuez para despachar más cerca del rey, lo que me enojó, pues ya avanzado mi embarazo estaba y los médicos me dijeron que no me haría ningún bien desplazarme. Era algo que a mí no me preocupaba pues no había tenido hasta entonces ningún problema de abortos. Pero una mujer zahorí que una doncella me había traído a escondidas –miedo tenía de que la acusaran de bruja– me había dicho, después de poner su péndulo frente a mi vientre, que de un varón se trataba, y por ello consentí en quedarme en Madrid.

Después del nacimiento de tu hermano Rodrigo me pude dedicar más a mis quehaceres palatinos. Casi todos los días me dirigía al Alcázar para servir a la reina; nuestra amistad estaba ya consolidada sin lugar a dudas. Las damas que no eran tan requeridas por los reyes no comprendían cómo la joven reina había depositado tanta confianza y simpatía en mí. Sobre todo porque había pasado un año desde su primera menstruación y todavía no había logrado quedar embarazada, mientras yo iba ya por el tercer hijo.

Un día, como quien no quiere la cosa, me dijo:

–Todos estos amoríos de los que hablamos en realidad los sentimos lejanos. Por ello los tratamos con tanta ligereza. Pero cuando los devaneos de los caballeros afectan a sus propias esposas la cosa cambia.

Como no sabía si alguna sospecha se cernía sobre su majestad me mantuve callada. Aunque siempre había estado muy al tanto de las diferentes pasiones de don Felipe, hacía tiempo que mi relación con la reina me había distanciado de aquellas habladurías.

Al notar mi reflexivo silencio, doña Isabel se levantó y comenzó a andar de derecha a izquierda. Sin duda quería preguntarme algo, pero no sabía bien cómo abordar la situación. Después de algunos paseos, se paró en seco.

–No quiero continuar con rodeos, ¿sabéis si mi señor anda ahora con alguna?

–¡Pero si se ve a distancia que respira por vos! –exclamé, sorprendida por una pregunta de índole tan directa.

Me miró a los ojos.

–Doña Ana, con el corazón en la mano, ¿creéis que intentó tener relación con alguna y ésta no aceptó? Ya sabéis que los amores imposibles se suelen convertir en obsesiones eternas difíciles de olvidar.

Su candor junto con su sabiduría me conmovieron, pero permanecí en silencio. Sabía que se refería a mí. Las lenguas envidiosas habían llegado a decir que yo había conseguido tal posición en el Alcázar por una antigua relación con el rey, y que mi primer hijo, aquel que murió, no era de vuestro padre sino de su majestad.

Por toda respuesta me limité a mirarla a los ojos.

Mi señora supo inmediatamente que aquello no era cierto. Bien sabía también que el riesgo de que el rey se descuidase con diferentes mujeres era algo posible. Si algún día ocurriese habría que aceptarlo, siempre que aquellas infelices no osaran hacer acto de presencia ante ella, pues una cosa era fingir el no saberlo y otra muy diferente que le faltasen al respeto.

Mas en ese momento la verdad era que, por primera vez en su vida, don Felipe parecía haber encontrado la estabilidad con la cual siempre soñó.

El príncipe Carlos, como siempre, se encargó de no dar gusto a su padre, y cayó enfermo de fiebres cuartanas.

Entonces la reina empezó a languidecer, desarrollando un afán de protección hacia el hijo del rey que a todos extrañaba, pues parecía haber comprendido por fin que el príncipe no era normal.

6

EL OSADO CABALLERO (1564-1566)

Mientras tanto Ruy andaba preocupado. Don Felipe parecía estar cambiando su política respecto a los dos grupos de presión que le rodeaban en palacio.

Como bien sabéis, Ana, desde tiempo inmemorial, las dos familias más importantes de España, la de los Alba y la de los Mendoza, han gobernado nuestro país en la sombra.

Se decía que los Mendoza, con Infantado a la cabeza, eran proclives al pacifismo, y que los partidarios de los Alba eran belicosos por naturaleza. Los dos tenían a sus adiestrados peones en el Alcázar. Así como vuestro padre formaba parte de los nuestros, Alba tenía su mayor baza en el cardenal Granvela, cuya famosa mano dura en Flandes creaba conflictos en lugar de aplacarlos, que era para lo que había sido enviado.

Sin embargo, vuestro padre consiguió que el rey aconsejara a Granvela que abandonase su cargo. La venganza de ese viejo vestido de colorado tardaría en llegar, pero llegaría. De hecho caería sobre mí, con toda la contundencia del odio largamente reprimido, mucho después de morir tu padre.

Por el momento, unos días de felicidad desplazaron el lugar de las luchas políticas, pues se confirmó el embarazo de la reina. Como los médicos le aconsejaron que no se desplazara, aquel verano quedamos todos en Madrid. Yo hubiese querido salir, pero mi señora me pidió que me quedara, pues era una de las madres más jóvenes cerca de ella y me necesitaba a su lado. Así fue como pasamos el caluroso y seco verano.

Ni las moscas volaban por el sopor. Tal era el calor que no salíamos de casa durante el día y casi lo pasábamos durmiendo. Al atardecer nos despabilábamos para echarnos a la calle y pasear por el Retiro hasta muy entrada la noche. Una vez acabada la cena, nos reuníamos en algún jardín para asistir a los bailes que frecuentemente se organizaban y que duraban hasta el amanecer.

A mí me parecían los más hermosos del año, pues la noche siempre me atrajo y mucho más si era de luna llena. Algo tiene que te llama. Si la miraba fijamente conseguía provocar en mí un sentimiento melancólico y placentero en el cual me encantaba sentirme inmersa. Se reflejaba en las fuentes e iluminaba los jardines sin dejar lugar a la luz de las estrellas y atenuando la de las velas y los hachones.

El día de Santiago tuvimos un gran baile en Palacio.

Era una de esas noches de luna llena, y tan gruesa estaba que hasta después de la cena no se encendieron los fuegos en el jardín.

Al terminar la tercera danza quedé sola por unos instantes.

Me pareció el momento propicio para darme un corto y reparador paseo por los jardines. Fuera del bullicioso salón los grillos cantaban y me senté en un banco a observar el grandioso cielo. Sabía que no estaba bien que una dama deambulara a solas por los jardines, pero aun así me compensarían unos minutos de soledad cerca de la naturaleza.

Estaba inmersa en mis pensamientos cuando una rama crujió a mis espaldas. Me di la vuelta y vi a un caballero que se acercaba.

¡Imposible estar a solas siquiera cinco minutos!

Pude ver rápidamente que se trataba de Antonio Pérez.

Había oído hablar alguna vez acerca de su futuro. Grandes expectativas estaban puestas en él, muchos decían que sería un buen secretario de don Felipe. Todo eran especulaciones, pues en ese momento aún no era una persona con demasiada importancia en la corte; además, era muy joven para tantas pretensiones. Pero sabía rodearse de personajes influyentes y encontrarse allí donde un evento importante aconteciese.

En una ocasión vuestro padre me dijo que los partidarios de sus ideas ya estaban envejeciendo, y que muy ventajoso sería conseguir sangre nueva para mantener viva la llama. Pues gran defecto de muchos notables hombres era el no saber delegar a tiempo en sus funciones, así como no buscar sustitutos para adiestrarlos y comunicarles aquellas vivencias y experiencias que al joven le suelen faltar.

Así las cosas, Antonio era uno de los máximos aspirantes a ocupar el lugar de vuestro padre en la corte. Según los que le conocían su máximo don era conquistar tanto a hombres como a mujeres con su labia. Con unas frases conseguía seducir a quien quisiera. Hasta ese día, yo apenas había cruzado algunas palabras con él, pero lo que más me impresionaba era que ser hijo bastardo no le achantaba por nada ni ante nadie.

Se acercó y se sentó en un banco cercano al mío. Me sorprendió la falta de corrección al hacerlo sin solicitar permiso. Mi cara debió de reflejar mi incomodo pues rápido le oí decir:

–Vuestra desaparición, aunque discreta, ha sido percibida.

Una joya engastada en tantos y reales esmaltes no puede perderse más de unos minutos sin ser echada de menos.

Es verdad que me resultó altivo. Pero había en su manera de decir esa frase algo que logró cambiar mi expresión.

Además, ¿cómo podría ofenderme con alguien que me había dicho uno de los más bellos halagos que había escuchado en años? Por lo que con una sonrisa en los labios respondí:

–Viviendo con los de nuestra especie y entre muros cerrados apenas vemos el cielo. Por eso es tan grato a veces que nos dejen solos.

Me miró a los ojos descaradamente, pero con esa sonrisa tan suya que conseguía que nadie permaneciese enojado ante ella, y replicó:

–Pues en peligro os encontráis en la oscuridad. De entre los arbustos puede aparecer un salvaje de Indias que pronto os hará desear que no me hubiera marchado.

Mis sentimientos melancólicos se transformaron en alegría y mi sonrisa en carcajada.

–Pero ¿cómo es posible que un ser como el que describís llegué a Madrid desde los confines de la tierra? –le pregunté, siguiendo su argumento cuando acabé de reírme.

Rápida fue su respuesta.

–Una galera cargada de salvajes llegó al puerto de San Lúcar hace un mes. Uno de ellos desapareció al desembarcar; nadie sabe dónde está. Quizá ha conseguido llegar a Madrid, caminando.

–¡Es imposible recorrer a pie tantas leguas!

–Tengo entendido que grandes andadores son y nunca se cansan.

De repente oímos un murmullo de gentes muy cercano a nosotros. Eso me dio pie para decirle:

–Si alguien nos ve tendré que enfrentarme a un cúmulo de habladurías peores que ese salvaje que según vos me acecha entre los arbustos.

Entonces él, sin decir nada, me besó las manos y se alejó.

Después de aquella noche, no volví a ver a Pérez hasta pasado un mes, cuando al entrar en el Alcázar en mi litera él salía cabalgando. Pero aunque las cortinas llevaba a medio echar, debió de ver nuestras armas porque paró el caballo. Cuando las descorrí, apareció haciendo una leve inclinación de cabeza a modo de saludo. Luego espoleó el animal y salió al trote.

Agradecí su prestanza pues la reina en cama se encontraba y me había hecho llamar con urgencia.

Cuando entré en su aposento encontré a doña Isabel tumbada en el lecho, empapada en sudor y con la cara desencajada. Me acerqué y le tomé las manos. Estaban frías como témpanos, pero el resto de su cuerpo ardía como una brasa. Entreabrió los ojos y las lágrimas brotaron de ellos.

Empecé a rezar hasta que una gran mancha de sangre vi en su camisola.Ya daba por perdida a mi señora. Pensé que, por lo menos, Dios nuestro Señor no la haría vivir el sufrimiento de saber que había perdido a su primer hijo, ese que desde hacía poco tiempo era su máxima ilusión.

Dos horas después la comadrona nos comunicó que la reina había abortado lo que parecían ser dos niñas de unos tres meses de embarazo. La hemorragia había cesado, pero había que seguir rogando a Dios, pues aún no había recobrado el conocimiento.

Recelosa de nuestros médicos, doña Catalina mandó con urgencia medicamentos de Francia. Y los madrileños, que tanto la querían, ofrecían procesiones, peregrinaban y rezaban por ella constantemente.

Hasta que un día, por fin, abrió de nuevo los ojos.

¡Qué gran mujer era! Creo que nunca España tuvo una reina mejor. Aunque prácticamente era una niña, pronto se reponía y con gran alegría volvía a afrontar problemas y disgustos. Pero mi alegría por su recuperación no habría de durar mucho porque, por aquel tiempo, el rey nombró a vuestro padre mayordomo mayor de la casa de don Carlos. Aunque su majestad le aseguró que a nadie confiaría el cuidado de su heredero más que a él –¡qué gran diplomacia!–, a nosotros no nos hizo mucha ilusión, pues poco clara se veía la sucesión de un príncipe que cada día parecía más afectado por sus taras.

7

El nuevo secretario del rey

De regreso del convento en el que se había retirado para dar gracias por la recuperada salud de la reina, don Felipe vino con la idea de una gran cita en Bayona entre doña Isabel y doña Catalina de Francia, con el propósito de limar las asperezas que a los dos Estados separaban. Ruy solicitó acompañar a la reina, pero nuevamente se le recordó que su lugar estaba con el infante don Carlos.

Hasta ahora había sido conocido por el apodo de «rey Gómez», sin embargo su distanciamiento del rey se hacía cada vez más patente. En cuanto a mí, ese momentáneo alejamiento me beneficiaba únicamente en poder disimular por algún tiempo más mi nuevo embarazo ante doña Isabel. Después del aborto, en la corte se rumoreaba que con los cuidados a que debía someterse sería muy difícil que pudiera volver a esperar un hijo.

La reina partió a principios de abril y no llegaría de San Juan de Luz hasta mediados de junio. Según me escribió, doña Catalina procuraba distanciarse de las conversaciones de asuntos políticos poniendo siempre el pretexto de dedicarse íntegramente al cuidado de su hija, a la cual encontró demasiado española.

Nosotros nos trasladamos a ver nuestra casa en Pastrana.

Grandes proyectos teníamos para estas tierras. Y gran placer nos proporcionaba pasear por ellas diciéndonos el uno al otro que los parajes que Dios había puesto se compenetrarían perfectamente con lo que nosotros añadiéramos. Tiempo tuve aquel verano de pintar un cuadro que reproducía con bastante exactitud la casa fuerte que mi abuela había construido allí.

Vuestro padre necesitaba descanso, y salir de la corte de Madrid, en donde parecía que últimamente todo se volvía en su contra, le ayudaba a reflexionar.

Sus éxitos de antaño parecían olvidados. El cuidado de don Carlos más le asemejaba a un simple médico que al gran consejero que fue, mientras a otros se les encomendaba la política flamenca.

Un día, paseando por la vereda del río, después de un largo silencio, me animé a decirle:

–No es la primera vez que el rey cambia de tercio para dirigir su política, ni será la última.

La prudencia no le permitía casi nunca expresar la totalidad de sus pensamientos sobre un tema, pero esta vez, quizá debido a lo bucólico del paseo parecía más abierto que de costumbre. De hecho dijo:

–El rey está relegando a los viejos a segundos puestos para dar paso a jóvenes activos y cargados de proyectos. Las cualidades que busca en éstos son claras, pues los que hasta ahora le hemos servido fielmente también fuimos jóvenes y elegidos en un momento determinado.

»Busca que hayan sido educados en el seno de la corte y que posean una fidelidad ciega a su persona. Que no tengan recursos propios para que siempre lo precisen y no puedan nunca darle la espalda. Si algo son, deben saber que es por merced de su majestad y no por su nobleza inmemorial. Han de ser jóvenes e inteligentes, y sobre todo tener una gran ambición de poder para conseguir tenerlos bien fijos junto a él. Está muy claro que nosotros podemos proporcionarle un hombre así.

Como yo había intuido, las esperanzas de vuestro padre se fijaban claramente en la figura del joven Pérez, y no estaba dispuesta a infundir la más leve duda sobre su persona con el relato de un breve encuentro que ningún cargo de conciencia me producía.

A los pocos días regresamos por fin a Madrid y ofrecimos un almuerzo para treinta personas.

Antonio llegó a casa entre los primeros. Me pareció mucho más respetuoso de lo que fue cuando nos encontramos aquella noche de Santiago.

Durante la comida empezamos a conversar sobre los problemas de Flandes y, terminado este polémico asunto, pasamos a hablar del posible nuevo papa.

Era un buena ocasión para dármelas de entendida, puesto que una de mis amigas en Roma me acababa de escribir contándome con pelos y señales los pronósticos sobre la elección.

Me empecé a animar. Todos me escuchaban como si no hubiesen oído en la vida historia más interesante. Fui observando a cada uno de los comensales. El único que tenía una ligera sonrisa dibujada en los labios era Antonio. ¿Qué pasaría por aquella cabeza?

–Permitidme, doña Ana –dijo justo en ese momento; luego me miró como diciendo «ahora verás» y se despachó con un estupendo relato, seguramente de mucha mejor fuente.

¿Qué necesidad había de pisarme la historia? Más tarde supe que su única intención era no pasar desapercibido ante mí.

Si te soy sincera nunca pensé que en pocos meses mi casa llegaría a parecer un gabinete de Estado, donde muchos de los despachos más importantes eran fraguados. Para aumentar mi vanidad estaban además las confidencias que me hacía la reina, la cual sospechaba estar embarazada de nuevo. Pero no quería hacerlo público hasta estar más segura, como yo le había aconsejado la vez anterior.

Realmente pensé que debía de estarlo, pues su tez blanca adornada estaba por el color de sus mejillas que no portaban afeite alguno.

Cuando le expresé mi alegría y le dije que yo también estaba embarazada, me comunicó que, si sus sospechas se hacían ciertas, nada sería más agradable para ella que compartir el embarazo con alguien en su misma situación, pero agregó sonriendo que deberíamos partir antes de estar tan gordas que no cupiésemos en la carroza. El rey le había prometido agrandar el palacio de Valsaín, así como hacer nuevos jardines y puentes sobre un cercano río, a la vera del cual pensaba darse largos paseos todos los días hasta el momento del alumbramiento.

Allí, el trece de agosto, a las dos de la madrugada, tuvo la reina a la que fue la primera de sus hijas, que recibió el nombre de Isabel Clara Eugenia. Ese lunes ya repicaron por la tarde las campanas de todas las iglesias de Madrid, pues el rey a todos quería demostrar su alegría, y veloces emisarios se mandaron hasta los lugares más recónditos del reino para comunicar la noticia.

Según supimos, el rey escribió a Catalina, su suegra, comunicándole la noticia y diciéndole que nada en absoluto le importaba que fuese niña, y que estaba tan contento con su hija que era el rey más feliz del mundo. Aquello sin duda demostraba que en la mente de don Felipe seguía morando la idea de que el príncipe don Carlos sería el futuro candidato a la corona, y desacreditaba los rumores de la incapacidad de éste puestos en algunos países vecinos en boca de nuestro propio monarca.

Ruy, como mayordomo del príncipe, debía haberse sentido satisfecho. Sin embargo, con su habitual prudencia, prefería contar con otras posibilidades.

Pocos meses después llegó por fin la noticia que nosotros esperábamos: Antonio Pérez acababa de ser nombrado secretario de su majestad. Finalmente, después de tanta espera, teníamos de nuevo un peón a la derecha del rey.

8

El inicio de un año oscuro (1566-1569)

De todas maneras, vuestro padre no quería hacerse demasiadas ilusiones al respecto para luego no tener que verlas pisoteadas por los constantes cambios de voluntad en el rey. Sin duda ello demostraba a las claras que estaba envejeciendo. Aquel hombre que luchó siempre para conseguir sus objetivos se desmoronaba día a día.

Sin embargo, para mí eran tiempos felices. La reina esperaba su segundo hijo, y la pequeña infanta, que acababa de cumplir un año, estaba sana como un roble. El día de su primer aniversario nos trasladamos todos a Valsaín a celebrarlo con una merienda. Era una celebración poco usual, pues los niños normalmente nunca salían de casa hasta más crecidos. Reflejo del tenor de mis preocupaciones de entonces era la importancia que di a los disfraces que mi prole debía llevar en aquella ocasión, paralelo casi a la que había dado a mi vestido de corsaria durante los carnavales de Toledo, años atrás.

Tus tres hermanos iban vestidos de emperadores romanos y tu hermana de Cleopatra. De todas maneras, gracias al

Señor nadie coincidió en esta elección, pues mucho pensamos en una idea que resultara original. Los vestidos fueron un acierto, porque el día era tan caluroso que los niños que acudieron con otros disfraces pronto se hubieron de cambiar y ponerse algo más fresco y ligero.

Aun pasados los años, y en el estado en que me encuentro, me es grato evocar esos momentos. Sabes, se dispusieron mesas en los jardines, repletas de manjares deliciosos, que más que los niños las madres tomamos: muchos de los pequeños andaban con sus ayas y amas de cría, y sólo unos dulces de descomunal tamaño para que no se los tragaran les dejaban chupetear como entretenimiento, mientras un teatro ambulante con juglares les animaba con sus historias.

Tan embelesados andaban con el espectáculo, que sólo se levantaban, y de muy mala gana, cuando eran llamados por sus señoras madres para presentarlos ante las demás como si de sus joyas más preciadas se tratarán. La mayoría de ellos iban disfrazados de personas adultas y muchos llevaban incluso joyas, aunque difícil fue ver a alguno que regresara a su casa con todo lo que llevaba al principio, pues collares y sombreros se arrancaban para jugar.

Al atardecer, la reina y el resto de las damas que allí acudimos nos alejamos del griterío infantil para ir a sentarnos en la lejanía, bajo un árbol, donde verles podíamos pero no oírles, pues su majestad ya muy gruesa se encontraba y necesitaba reposo.

Salió a colación el nombre de Antonio Pérez. La reina dijo que el rey confiaba en él cada día más. Alguien agregó entonces que ese hombre con carácter jovial y agradable para con todo el mundo tenía «pequeños defectos». La reina, generosa pero un poco ingenua, replicó que desaparecerían al lado de una buena esposa.

Seguro que Ruy tendría algo que ver en la elección de la dama, que, al final, acabaría siendo doña Juana de Coello. Pero quiero que sepas, Ana, que si la influencia de tu padre con Antonio llegaba a esa intimidad, no era por que fuera hijo suyo, como dijeron algunos enrevesados testigos, años después, en nuestro proceso, sino porque al morir su padre el vuestro prometió prohijarle y ampararle, no sólo en los asuntos de Estado, sino también en los de la vida misma.

Aquella tarde finalizó con el cansancio de todos los niños, pues tus hermanos nada más meterse en el coche cayeron dormidos como troncos.

Pocos días después regresamos todos a Madrid, pero no volví a ver a la reina hasta el día que nació su segunda y última niña, Catalina Micaela.

Mas la felicidad que en Madrid se respiraba por el nacimiento de la nueva criatura no duró mucho debido, otra vez, al comportamiento de don Carlos.

Tu padre pasaba noches enteras en vela junto al príncipe. Y la verdad es que esta vez me indigné: el servicio a la corona tenía un límite y él lo estaba sobrepasando en aquellos días.

Pero don Carlos ardía de celos desde el nacimiento de la infanta. Llegando a un punto que no se le permitía estar a solas en presencia de la reina y de sus hermanas, porque nadie sabía cuál podía ser su desmedida reacción.

Ese verano los médicos habían llegado a una trágica conclusión: don Carlos nunca podría tener hijos debido a faltas secretas en su persona.

Eso lo enervó tanto que se descargaba golpeando y amenazando con aberraciones morbosas al primero que se cruzaba en su camino, incluido vuestro padre.

Un día tomé la determinación de ir a hablar con la reina

para que me ayudase. La encontré llorando. Don Carlos había insultado a sus hermanas llamándolas putas. Una semana antes, para desahogarse, dado que a las pequeñas infantas no se podía acercar, había azotado a dos niñas en su presencia, por lo que el rey tuvo que pagar una fuerte limosna al padre de las criaturas. Desgraciadamente mi señora no pudo hacer nada por Ruy.

La lista de locuras de don Carlos fue acentuándose día a día.

Su frenesí maniático por tragar y ver tragar cualquier cosa hacía insoportable la convivencia con él. Hacía unos días había hecho tragar a un zapatero unas botas que le hizo y no le gustaron, si bien se las había dejado guisar y cortar en tiras antes de comerlas.

Una noche Ruy le sorprendió escondiendo armas entre los libros de su cuarto. Cuando le ordenó que se las diera y le amenazó con contárselo al rey, don Carlos le contestó que atentaría contra la vida de su padre en cuanto le fuera posible y a partir de entonces le prohibió la entrada en su cámara.

Estábamos en animada conversación con la reina, cuando una de las puertas se abrió repentinamente. No sin antes haber tropezado tres veces con sus propias piernas, don Carlos se situó en el centro de la sala.

El murmullo de las conversaciones cesó. Todas las miradas se centraron en el príncipe. Un momento después apareció Ruy, jadeando.

Don Carlos dirigió la mirada a todos los asistentes, y cuando sus ojos se cruzaron con los de don Juan, su cara se tornó carmesí.

–¡Bastardo, villano, usurpador –comenzó a gritar–, os voy a matar ahora mismo!

Alzando una daga corrió hacia su tío. Las palabras que fluían de su boca parecían provenir del mismo demonio, pues apenas se entendían.

Don Juan lo esperaba impertérrito, mirándole fijamente. Cuando estuvo lo bastante cerca, con un rápido movimiento le sujetó la mano que armada llevaba y se la retorció, por lo cual el príncipe soltó la daga y se medio volteó.

La guardia alemana y española ya estaba entrando, pero don Juan dirigió su mirada inmediatamente hacia el rey. Sin decir palabra, su majestad inclinó la cabeza y dirigió sus ojos hacia la puerta. Sin soltar a su sobrino, don Juan le arrastró hacia allí. Cuando se cerró la puerta tras ellos, se pudo oír: «¡Padre, os mataré!».

La reina empalideció.

Todas sabíamos que le tenía a don Carlos un inmenso cariño, ahora sin duda alguna mezclado de temor. Porque el príncipe era jovial y agradable cuando quería, pero si alguien osaba contradecirle o rebatirle una opinión, en un solo minuto parecía transformarse en un animal, como desgraciadamente habíamos tenido el disgusto de ver. Ya nadie dudaba de que el príncipe había demostrado por sus actuaciones que el entendimiento no lo tenía bien sentado. Mas siempre se evitaba el tema porque sus majestades lo intentaban disimular y esconder a los ojos del pueblo.

Aquella misma noche un cortejo formado por el rey, gentilhombres y doce guardias, casco y espada en mano, se dirigieron hacia el aposento de don Carlos .

Entraron con toda delicadeza para no despertarle, retirando las armas que tenía escondidas en los lugares más inverosímiles: en sus roperos, cajones, dentro del libro que estaba sobre su bufete, y hasta del cabecero de su cama colgaba una espada enfundada. Más parecía un arsenal que un aposento regio.

Al terminar, el mismo rey se dirigió a la cama y corrió las cortinas del dosel. Don Carlos despertó. Sorprendido por todas las figuras embozadas que su cama rodeaban, se incorporó y preguntó si venían a matarle, pero el rey le tranquilizó diciéndole que lo que hacía era sólo por su propio bien.

Después le pidió las llaves del cofre que al lado de su cama tenía. Don Carlos se las dio. El rey sacó todos los papeles que allí había y los destruyó.

Después, todos se retiraron, no sin antes haber claveteado las ventanas. Detrás de la puerta quedó el príncipe, sollozando y gritando repetidamente: «¡No estoy loco! ¡No estoy loco!».

Hasta principios de marzo no le trasladaron a la Torre.

Pronto comenzaron las murmuraciones. En Flandes comentaban que el rey había actuado de ese modo por miedo a que don Carlos fuera más partidario de ellos que de su propio padre. El papa, Portugal y Francia, pidieron rápidamente explicaciones.

La sospecha empezó a caer sobre su majestad.

Cuatro meses después don Carlos comenzó a tener vómitos y diarreas. Se intentó quitar la vida arrojándose al vacío, por lo que la chimenea de su aposento también acabó enrejada.

Permanecía muchos días sin comer, y seguidamente se atiborraba. Bebía agua helada por las mañanas y caminaba descalzo por el aposento, y si Ruy se descuidaba, hielos metía en su cama. En julio, las diarreas y vómitos se repitieron, esta vez junto a las calenturas. Por fin murió, en la víspera de Santiago. Así dejó descansar a vuestro padre y a todos los que con él hasta su muerte estuvieron, que durante estos meses ojeras constantes se les veían y en los huesos andaban.

Cuando por fin su majestad accedió a las repetidas súplicas de la reina, que deseaba despedir el cadáver, la acompañé en este triste trance. Al entrar en la sala donde se encontraba el cuerpo de don Carlos quedamos demudadas. Desde el día de su encierro no lo habíamos visto y sólo teníamos noticias de su estado por los que a su cuidado quedaron. Sabíamos que había estado muy enfermo pero nunca imaginamos que aquel ser tan obsesionado por el comer, pudiera llegar a tornarse en un puro pellejo. Su cuerpo, de apenas veintitrés años, tenía un tono amarillo intenso nunca visto antes.

A las siete entraron a cerrar la caja de madera, que pusieron dentro de una de plomo que cubrieron con un rico paño de brocado. Estuvo expuesto hasta que el día de San Lorenzo procedieron a darle cristiana sepultura.

La iglesia enlutada cobijaba el cuerpo de don Carlos bajo un gran dosel con las armas reales. No le faltaron ni el cetro a sus pies, ni la espada, ni los estandartes de su padre y su imperial abuelo en los cuatro ángulos del dosel, guardados por cuatro reyes de armas y cuatro maceros.

Desde el coro de los frailes, la reina y yo le rendimos nuestro último homenaje. Recuerdo que al final hube de levantar a doña Isabel para salir del coro, pues muy débil se encontraba desde hacía tiempo y su estado de ánimo tampoco la acompañaba. Sus desvanecimientos y llantos eran tan repentinos que ni ella misma sabía la causa que se los producía. Desmayos, entumecimientos de cabeza y la falta de respiración la asaltaban desde hacía tiempo.

En un primer momento se había pensado que quizá sus males provenían de la delicada situación en la que don Carlos se encontraba. Pero cuando éste murió la reina pareció seguir torturada. En cambio, el rey conservó siempre la entereza de ánimo que le caracterizaba, y sólo en un par de ocasiones en privado y ante los más allegados demostró su pesar.

9

LA MADRE TERESA EN PASTRANA

Ni siquiera el nuevo y deseado embarazo de la reina parecía ayudarla a restablecer el ánimo. El rey poco la había cuidado los últimos meses en el afecto, pues lo sucedido con don Carlos le afligía en demasía, y por mucho que lo intentara disimular, los que estábamos cerca de ellos lo percibíamos sin dificultad.

Terminado estaba el verano y el calor seguía cayendo sobre nosotros. La reina comenzó a orinar con arenas rojas y a sentir dolores de riñones tan fuertes que habíamos de sujetarla. Cámaras leonadas y amarillas le salieron por todo el cuerpo y la temida fiebre apareció.

Yo estaba a su lado, infundiéndole valor y fortaleza. Le insistía que tenía que sanar para que ese niño que en sus entrañas llevaba y tanto dependía de ella llegara a reinar, pues en sus manos estaba el futuro de nuestro reino y todos la necesitábamos.

Sin embargo, parecía no escucharme, como lo había hecho durante su enfermedad anterior.

Su mirada quedaba fija en el techo del dosel y una lágrima corría por su mejilla mientras me asía débilmente la mano.

Una noche tuve que levantarme rápidamente y salir, pues la entereza me abandonó. Sólo pude dejarle un hábito franciscano sobre su cama, pues gran devota había sido siempre de este santo y sabía que me lo agradecería.

Al día siguiente, cuando acudí a verla, no pude acceder a ella pues los médicos andaban poniéndole ventosas en la cabeza y sangrándola en los pies, prohibiendo la entrada a todo el que le pudiera perturbar en sus labores sanguinarias. Una hora después nos dijeron que la reina había parido una niña de cuatro o cinco meses, perfectamente formada; pero que sólo había vivido los minutos necesarios para proceder a su bautismo sobre el vientre de su madre. Mi señora se encontraba en muy mal estado. Cuando dos horas después nos dejaron a sus damas entrar, doña Isabel ya había muerto.

Don Felipe lloraba a su lado; era la primera y última vez que le vi hacerlo.

Me sentí deshecha. Todo un cúmulo de recuerdos me venían a la mente. ¿Por qué Dios había de llevarse a los mejores dejando en esta tierra a seres abominables? Creo que fue una de las pocas veces en que se me han planteado dudas con respecto a mi religión y creencias.

Al día siguiente todo el pueblo se echó a la calle enlutado y llorando. Todos apreciaban a la reina y muchos no comprendían como aquella niña de apenas veintitrés años podía haber sido llamada con tanta premura por Dios nuestro Señor.

Aquel año negro marcó tanto la vida de vuestro padre como la mía. Intenté dar el pésame en privado y personalmente a su majestad, pero no me recibió, lo que me obligó a mandarle por escrito una carta solidarizándome con su pena. Por petición real, la duquesa de Alba pasó a encabezar y dirigir a todas las damas de la corte. Aquel monarca que yo había apreciado tanto, pasó de confiarme a la persona que probablemente más quiso en su vida, a parecer desconfiar de mi persona en todo momento cuando aquélla desapareció.

En cuanto regresó de su retiro, sobre su real persona cayó una nueva obligación: España seguía sin sucesor masculino para la Corona. Los hugonotes, calvinistas, turcos e indianos pasaron a segundo lugar, exaltándose la impaciencia, sobre todo del nuncio, por dejar zanjado el problema y casar al rey de nuevo.

Las dos candidatas eran las ya pensadas para don Carlos. Ana de Austria, y la hermana pequeña de mi señora, Margarita de Valois.

¡Dos niñas para un anciano aquejado de gota!

Y así fue como aceptó, unos meses después, a doña Ana como esposa. Sólo le quedó el pensar cómo rechazar a Margarita, sin que Catalina de Médici lo tomara a la tremenda, empeorando aún más las relaciones entre Francia y España.

Estaba claro que como dama en la corte me vería relegada a segundo plano. También vuestro padre, después de la muerte de don Carlos, había quedado como perro sin amo. Una vez hablado y de común acuerdo, decidimos que era el momento de comenzar a pensar en nuestro señorío.

Como mis sentimientos de frustración en la corte habían de ser vengados, decidí que si la máxima opositora en mi antiguo cargo se había hecho con el cariño de todas las damas de la corte yo había de recuperar la confianza real a través de la religión.

Sabía que la madre Teresa estaba fundando conventos en todos los lugares de Castilla. Segura estaba de que su empeño muy fructífero sería en muy pocos años, pues era admirada por el rey y cada vez tenía más seguidores. Además la duquesa de Alba había construido uno para ella en Toledo, del cual alardeaba en cuanta ocasión tenía. Había llegado el momento de demostrarle que los príncipes de Éboli capaces eran de fundar conventos con la misma facilidad que ella.

Llamamos a la madre Teresa, y esperamos su llegada con alegría e ilusión. No se presentó en Pastrana hasta el verano siguiente, por lo que tuvimos tiempo de sobra de preparar todo para su llegada. Aunque para ser sincera, aquello me enojó en demasía, pues el convento de Toledo ya había sido terminado en la víspera de Pascua del Espíritu Santo, y para mi gusto bastante se hizo esperar.

Muchos años después supe que la madre Teresa dudó en venir a Pastrana, pues bien se habían encargado en Toledo de ponerle en antecedentes sobre mi carácter e intentar por todos los medios que a fundar no viniese. Sin embargo, una monja suya me dijo que una noche fue a consultárselo a Dios Nuestro Señor. Éste le contestó que no dejase de venir y que llevase la regla y constituciones de la Orden a todos lados. Esto, unido al miedo que tenía de enojarme, la decidió por fin. Suerte tuvo de que mi ignorancia sobre aquello siguiese hasta mucho tiempo después, pues si yo me hubiera llegado a enterar de estos desaires, bien claro habría tenido que en mis tierras no fundaba.

Por fin llegó, y a mi parecer más como una reina la acogimos que como a una humilde monja. Durante tres largos meses la alojamos con todo el cariño del mundo, al principio en un aposento apartado y, luego, en una pequeña casa cercana al palacio, para que a sus rezos se pudiese dedicar, junto con las dos monjas que traía con ella. Lo hizo tanto que parecía no tener prisa en absoluto en fundar, pues los días que a casa venían para ver si por fin llegábamos a un acuerdo, más parecía que a otorgarnos algo acudían en vez de a solicitar todo lo que dispuestos a darle pensábamos. Pues nuestro lema familiar fue dicho por mi antepasado, el duque del Infantado, y bien conocido era y sigue siendo: «Dar es señorío, y recibir servidumbre».

Mi paciencia pronto se agotó y creo que llegó un momento en que el no consultivo salía de mis labios sin apenas dar tiempo a la madre a explicar sus pretensiones.

Un día que ligeramente acatarrada me encontraba en cama, la madre pidió permiso para saludarme.

Apenas entró en mi aposento me di cuenta de que aquella pequeña mujer pisaba fuerte y sabía lo que quería.

–Doña Ana, quiero que sepáis que me siento orgullosa de fundar en estos hermosos lugares –dijo, no tan seria como de costumbre.

–Madre, dado que estoy dispuesta a ceder y daros lo que necesitéis, hay sólo una cosa que me gustaría recibir de vuestra mano.

Quedó en silencio, escrutándome con la mirada. Sabía que no podía negarse, pero en su mirada un viso de desconfianza se podía apreciar.

–Sé lo que queréis, pero habéis de entender que ese libro que tanto anheláis contiene toda mi vida; y que lo escribí con el corazón en la mano y sin omitir nada. Por lo que una vez que lo leáis me conoceréis tanto en mis virtudes como en mis defectos.

–Lo sé, y por eso os prometo, si accedéis, ser la mujer más discreta que hayáis conocido nunca –le dije, sorprendida de su intuición–. Os prometo no hacer uso de aquella información salvo para seguir más de cerca al Señor.

Seguía dubitativa. Insistí.

–Sé que ya lo leyó mi tía, doña Luisa de la Cerda, cuando estuvisteis hospedada en su casa de Toledo.

Seguía callada y me enojó un poco cuando me dijo.

–Dejádmelo meditar.

Aquella mujer era misteriosa, pero si quería conseguir el manuscrito de su vida me tendría que aguantar.

Tres semanas pasaron hasta que se dignó mostrármelo, y cuando lo hizo, me suplicó que lo leyera lo más rápido posible y se lo devolviera, pues miedo tenía a que en manos del Santo Oficio cayera, que ya sabía que detrás de él andaban desde hacía tiempo.

Lo leí en un día, pues las ganas me devoraban, y se lo presté a mis dueñas que me lo solicitaron, devolviéndoselo a la monja en sólo tres días. Pero sucedió que pocos días después a la Madre le dio por pasear por los jardines de casa, cosa que nunca hizo anteriormente, y oyó como las dueñas y pajes comentaban el manuscrito mofándose de alguno de los pasajes leídos. La madre Teresa fue a hablar con vuestro padre, y le dijo que no pensaba establecerse en Pastrana. Cuando me enteré me causó enojo y vuestro padre tuvo que hacer uso de su gran diplomacia para calmarme.

Luego se reunió con la madre Teresa, dos monjas y tres frailes. Y mucho tiempo hubieron de hablar, pues hasta bien entrada la tarde no vino Ruy a contarme lo acordado.

En sólo una mañana de conversaciones decidieron hasta los lugares donde establecerse. El convento de los frailes se fundaría en el palomar que al lado de la ermita de San Pedro queda. Me extrañó pues era muy pequeño, pero Ruy me dijo que habían sido ermitaños y les gustaba el lugar, ya que rodeado de cuevas, que utilizarían como diferentes dependencias, se hallaba.

Ni un solo segundo pasó antes de mi contestación.

¡Una gran familia como la nuestra no podía fundar un convento en cuevas! ¡Qué dirían en la corte!

Tanto los Mendoza como los Medinaceli bien conocidos eran por sus grandes fundaciones y nosotros debíamos seguir con la tradición. Si algo se hacía se debía hacer a lo grande y no un quiero y no puedo. No podíamos construir un monasterio como el de El Escorial, pero de ahí a unas míseras cuevas mucho había en donde escoger.

Vuestro padre otra vez me convenció.

No debíamos ofender a la Madre que tan entusiasmada parecía de haber reclutado a hombres que, mirados con ojos humanos, podían parecer locos, pero a los ojos del espíritu eran unos ángeles.

Y nuevamente acertó pues le dije que no importaba este convento en las cuevas si el de las monjas grande lo hacíamos.

Lo fundaríamos en la parte baja de la villa y se llamaría el convento de San José. No escatimaríamos ni en el más mínimo detalle y lo cuajaríamos de cuadros, tapices, retablos y todo lo necesario para ornamentar como de nosotros se esperaba la fundación.

La madre Teresa partió sólo unos días después, prometiéndonos mandar más monjas en cuanto las obras estuviesen cercanas a su culminación y dispusiera el convento de espacio suficiente para albergarlas.

Grandes señores habíamos de ser cuando en sólo un año conseguimos proveer a nuestro señorío de tres nuevas fundaciones religiosas.

10

PASEOS NOCTURNOS
(1570)

Ya habíamos conseguido nuestro mayor objetivo, acrecentando nuestro señorío en Pastrana. Todo marchaba regularmente y la rutina comenzaba a aburrirme. Aunque quisiéramos convencernos de que ya no teníamos lugar preferente en la corte, un hormigueo recorría nuestros cuerpos, y éste se hizo más palpable desde la visita inesperada de Antonio. Según dijo, muy en falta nos tenía desde nuestra partida de Madrid, la corte ya no era la misma desde que nos fuimos. Los asuntos de Estado se reiteraban de nuevo: calvinistas, hugonotes, corsarios, turcos, herejes y salvajes en las Indias. Todo un cúmulo de personajes y de problemas que en nada habían cambiado a lo largo de aquellos meses.

Ruy hablaba de estos temas con él en largas reuniones, que a veces se prolongaban hasta la madrugada del día siguiente, y a las cuales no se me invitaba por ser asuntos de varones. Aquello me enojaba enormemente, pero pronto comprendí que si de algo deseaba enterarme, mejor sería aparentar despiste e ingenuidad, al mismo tiempo que escuchaba con atención todo lo que allí se decía. Esta práctica siempre me dio buen resultado, pues claro está que los hombres piensan que la frivolidad que las damas mostramos no deja cabida, en nuestras cortas mentes, a los asuntos que ellos catalogan de importantes.

Lo que nunca han de saber es que nuestros cerebros también funcionan, y en muchas ocasiones más rápido que los suyos. Pues si algo queremos hacer lo lograremos, siempre que consigamos convencerlos de que la idea que de nosotras surgió en realidad fue de ellos. E incluso felicitarlos por ello, pues la vanidad de los caballeros siempre ha sido mucho mayor que la de las damas. Esto es una difícil asignatura que cualquier mujer inteligente ha de aprender si en algo quiere intervenir. Aunque pocas he conocido que hayan llegado a dominarla, hay que ser de ánimo muy frío para no dar cabida a las pasiones del corazón. Las que lo hicieron siempre consiguieron todo cuanto se propusieron.

Una de aquellas noches me desperté. Siéndome muy difícil conciliar el sueño de nuevo comencé a deambular por los corredores de casa, embozada en mi bata, pues ya empezaba a arreciar el frío y la humedad. Portando una vela acudí a las habitaciones de tus hermanos, que ángeles parecían durmiendo. Después de besarlos y hacerles la señal de la Santa Cruz en la frente, salí con cuidado de no desvelarlos.

Cuando regresaba a mi cuarto vi una luz que provenía de la capilla, y hacia allí me dirigí. Al abrir la puerta, que estaba entornada, prácticamente choqué con Pérez. Me sorprendió de tal manera que a punto estuve de gritar. Para evitarlo puso su mano sobre mis labios.

Después de darme todo género de explicaciones del porqué de sus paseos nocturnos –éstos eran debidos a un problema de insomnio parecido al mío–, como andábamos tiritando, decidimos acudir a una sala lo suficientemente caldeada.

La chimenea, aún llena de brasas, pronto recobró su furor al alentarlas. Nos servimos un vino y con la copa en la mano acudimos al calor de la lumbre.

–¿Cómo se encuentra el rey? –se me ocurrió preguntar–. ¿Sigue tan afligido como lo dejamos?

–Enlutado hasta los dientes –dijo Antonio, sentándose en el borde de la chimenea–. Y sobre todo abstraído en sus pensamientos como si anduviera flotando en una nube y todo lo de su alrededor no le importara lo más mínimo. Su inminente boda con doña Ana no le alegra en absoluto. En realidad sólo dos cosas logran atenuar su tristeza: sus hijas y la construcción del monasterio de El Escorial.

–Cierto que con la muerte de don Carlos y, unos pocos meses después, la de doña Isabel... –comenté, sentándome yo también cerca del fuego.

–Ni siquiera los libros parecen llamarle la atención como antes. No hace muchos días decidí donarle la biblioteca de mi padre. Su majestad la conocía y en muchas ocasiones había expresado su admiración por algunos libros antiguos. Aquel detalle pareció gustarle. Sin embargo, se me ha dicho que ni siquiera los ha mirado. De todos modos, al día siguiente me llegó un saco de su parte con veinticinco mil ducados, lo que si os soy sincero no me gustó, porque lo donado se tornó en compra. Pero ¿quién soy yo, para rechazar regalos regios?

Mientras Pérez hablaba yo le miraba con atención. Las llamas se reflejaban en sus pupilas, y la penumbra en que nos encontrábamos matizaba sus contornos de tal modo, que parecióme que un aura le rodeaba. Era atractivo, y de su juventud quedaba mucho.

De pronto un nudo en el estómago pareció que se me formaba. Era un sentimiento nuevo que nunca había probado. Recordé que hacía menos de un año de su boda. Pero ya llevaba cinco días en casa y ni siquiera había mencionado la existencia de su mujer o de su hija. Sin embargo, yo había oído decir que doña Juana andaba enamorada de él de tal modo, que el solo hecho de ser su mujer la llenaba y enaltecía.

Decidí preguntarle por ellas.

¡Y en qué momento se me ocurrió! Nada más hacerlo, levantó la cabeza e hizo lo que hasta ese punto había evitado: me miró a los ojos.

–Muy difícil es enamorarse de una mujer sin la más leve picardía ni hermosura –dijo inclinándose hacía donde me encontraba, dejando apenas medio metro entre su cabeza y la mía.

El nudo que en mi estómago sentía, se expandió hacia el corazón.

En cualquier otra ocasión sus palabras podrían incluso haber pasado desapercibidas y como una simple galantería hacia mi persona, pues muy acostumbrada estaba a los halagos en la corte. De todos modos, no fueron las palabras en sí lo que me causaron impresión, sino su manera de decirlas.

Esa noche me costó mucho volver a dormirme.

A la mañana siguiente él había de partir hacia Madrid con Ruy. Pero me daba tal miedo verlo de nuevo que fingí estar enferma.

Aunque empezaba a echar de menos el bullicio de la corte, prefería quedarme al cuidado de tus hermanos en nuestra tranquila villa, y no dar lugar a las tentaciones que manda el diablo.

Sin embargo, Ruy regresó pronto anunciando que era ya momento de trasladarnos a la corte. Así que cerramos el palacio de Pastrana y nos dirigimos a Madrid.

La Villa no había cambiado en absoluto desde nuestra partida. Los preparativos para la boda de don Felipe seguían adelante. Tu padre me pidió entonces que le acompañase a Sevilla, donde debía reunirse con el rey y con Antonio para tratar el tema de la ayuda solicitada por el papa en la lucha contra los turcos, y para cuyo mando empezaba a circular el nombre del hermano del rey.

Naturalmente yo no quería ir para no toparme con Antonio. Pero vuestro padre insistió de tal modo que llegó a convencerme.

Valió la pena.

Nunca olvidaré nuestra llegada.

Tres mil cantores de la ciudad, acompañados por quinientos más pertenecientes al coro de Triana, cantaron en honor del rey y lo siguieron hasta la Torre del Oro. Las casas, todas de un blanco resplandeciente, estaban llenas de tapices y mantos en sus balcones, a los que se asomaban sus dueñas al pasar la comitiva, para saludar y ver de cerca a su majestad, pues muy querido pareció que era en estos lugares.

Tanto le debió emocionar todo aquello, que al pasar frente a la cárcel don Felipe ordenó que se libertaran a todos los que delitos menores hubiesen cometido.

En todas partes la acogida era similar, pues el carácter de aquellos que en el sur moran es muy diferente al castellano. Siempre cantando, y alegres andan por las callejas hasta los mendigos y muy raro es el encontrar esas duras y tristes facciones que en nuestros pueblos vemos.

Sólo un mes llegamos a pasar en esa mágica ciudad. Su luz cegaba de tal manera los ojos, que a mediodía nadie salía a las calles. Por las tardes, mientras vuestro padre despachaba, yo solía pasear por la ribera del río Guadalquivir. Cuantísimos barcos cargaban, descargaban y navegaban por él a todas horas del día. Un arroyo parecía el Manzanares a su lado. Y cuando me sentaba bajo una sombra a descansar, observaba a las alegres gentes deambular por la ciudad, impregnada de un olor a jazmín y azahar, que mitigaba aquellos que a nuestro olfato no son tan gratos.

Antonio se mantenía tan discreto y correcto como cualquier otro. En un momento dado, durante el largo viaje, había pensado en hablar con él. Pero allí decidí que mejor sería no buscar ocasión, dado que a solas nos debíamos de encontrar, y sólo el hecho de esta posibilidad provocaba en mí un miedo terrible, pues estaba segura que aquel caballero tenía algo dentro de su ser que conseguía aflojar y dirigir mi voluntad. Así que lo mejor sería no tentar el ánimo. De todos modos me sentía inquieta. Pocos días antes de dejar Sevilla –el lugar más cercano al mar en que he estado–, pensé en prolongar el recorrido y tomar un barco hacia Sanlúcar, surcando las aguas del Guadalquivir. Pero al decírselo a vuestro padre, no pareció entusiasmarle la idea, alegando que no podía partir en ese momento, que de su consejo, por primera vez en mucho tiempo, requería de nuevo el rey.

Con símiles me describió entonces la inmensidad del océano y sólo con eso pensó que me apaciguaría. Sin duda lo hizo con cariño y prosiguió comparando el sonido del mar con el que produce un vaso al posarlo sobre la oreja, y diciendo que su aspecto era igual que el de un campo de trigo crecido, cuando el viento lo mueve. Me indignó aquella manera en que intentó consolarme, como si a una niña pequeña hablase;

pero comprendí que ese deseo oculto que tenía desde mi infancia habría de esperar todavía.

Nada más llegar a Madrid, comenzaron los preparativos para la cuarta boda del rey en la catedral de Segovia. Don Felipe parecía haberse distanciado de mí desde la muerte de la reina Isabel. Aunque de vez en cuando me dirigía la palabra, ya nunca le daba el carácter de confidencial ni requería de mi presencia para solicitarme algo personal, como lo había hecho años antes.

Entretanto, la hija del emperador Maximiliano, nuestra futura reina, ya había embarcado de camino hacia España. Don Felipe la esperaba sin demasiada impaciencia. A sus cuarenta y tres años, y sobre todo después de sus tres dramáticos matrimonios anteriores, pocas ganas tenía de encariñarse de nuevo con otra joven que todavía no había cumplido los veintidós. Pero como rey, era su obligación proporcionar a España un sucesor a la corona.

La princesa Ana no estaba desprovista de atractivos. Tenía una hermosa figura, su piel era rosada y su pelo rubio. No se podía catalogar de bella, pero todo lo suplía con su fuerza de voluntad, procurando adaptarse y siendo tremendamente afectuosa. El nuncio del papa fue el que ofició la ceremonia, y lo que más impresionó fue como nuestra nueva reina mostró su modesta humildad y devoción cristiana en todo momento. Terminada la celebración religiosa, tanto el pueblo como la corte esperábamos las fiestas posteriores. A los primeros les dieron fuegos de artificio y a nosotros el correspondiente banquete. Pero el pueblo, descontento con tan poco, se quejó a voces por las calles cuando se supo que las corridas de toros que en un primer momento se pensó celebrar habían sido suspendidas.

Los ánimos no se serenaron hasta que los pregoneros dieron las explicaciones oportunas. No había sido el rey el que había ordenado la suspensión, sino Su Santidad el papa Pío. Aun así, muchos opinaron que el rey podía hacer caso omiso a este mandato, pues aquella parte del negocio no incumbía a la Iglesia. Aquello sólo produjo la celeridad en el término de los festejos y la indignación del rey, que comenzó con esta decisión a demostrar a todos su nueva inclinación de humildad con la Santa Sede.

En nada se parecía la reina Ana a mi querida Isabel. Mi señora era alegre y entusiasta, a pesar de su salud delicada y de los males que la acuciaban. Disfrutaba de todo, e incluso, en algunas ocasiones, se podían escuchar sus risas por las más leves tonterías. Siempre estaba activa, y normalmente no perdonaba un solo día sin ejercicio, como su madre Catalina de Médici le recomendaba a menudo.

La reina Ana, sin embargo, era sedentaria. Podía estar rodeada de animadas damas contando las últimas comidillas acaecidas en la corte y no pronunciar absolutamente ninguna palabra al respecto. Era lo que podríamos llamar una espectadora nata. Apenas salía de palacio, y dedicaba las horas muertas a rezar y a coser, unas veces una tela para el Santo Sepulcro, y otras, casullas para los sacerdotes o una prenda para un niño necesitado.

Aquella corte ajetreada y alegre que alcanzó a formar la reina Isabel, llena de fiestas, banquetes y bailes, se convirtió en muy pocos años en un lugar más parecido a un convento de monjas. Pues la reina Ana era la primera que enclaustrada en sus aposentos permanecía a diario, y si alguna vez se la veía por los corredores andando, seguro que era para dirigirse a la capilla, dado que a su mente no acudía otra cosa más animada que hacer que rezar. Tan discreta y callada era que se comentaba que el rey solicitaba a menudo de su presencia en su despacho, pues le producía tal sosiego de ánimo que le ayudaba a no tomar decisiones precipitadas.

Las pocas veces que coincidí con ellos, nunca vi en la mirada del rey la misma que en su anterior mujer había puesto. Creo que de la única de sus mujeres de la que realmente estuvo enamorado fue de Isabel. Aunque la bondad de doña Ana llegó a tocar su corazón, no fue capaz de proporcionarle la alegría e ilusión por la vida que le dio mi señora. Aquello me dejó satisfecha, pues me decidió del todo a no intentar siquiera adherirme a la nueva y triste reina, sino a proseguir con mi vida en mi hogar. Aunque en un momento dado pensé en servirla como dama, Ruy me convenció de que no lo hiciera, pues no me habían requerido para ello, como años atrás.

¡Quién iba a decirme que sería precisamente el gran recato de la reina Ana la causa que me haría encontrar otra vez con Antonio!

Después de una solemne ceremonia que en palacio se celebró el día de la Natividad del Señor, doña Ana se retiró a sus aposentos a meditar. Como en el Alcázar no se había organizado nada para celebrar la reciente llegada del hermano del rey a Madrid, después de la misa del gallo y ante las expectativas de todos los presentes decidí allí mismo improvisar un baile en nuestro cercano palacio.

Sería la primera vez que me detuviera a observar con atención a doña Juana de Coello. Sus facciones eran tan vulgares que difícil era definirla, pues su cara se podía encontrar a la vuelta de cualquier esquina. Nada en su persona era digno de llamar la atención.

Andaba preñada y orgullosa hablaba de Antonio como marido fiel y padre cariñoso. Su tono de voz era continuo y aburrido, y su conversación no alcanzaba más alla de la crianza de los niños y la organización de la casa. Escuchándola vinieron a mi mente las palabras de él aquella noche; «belleza y picardía». Era verdaderamente cierto que aquella mujer carecía por completo de esos atributos.

Al oírla hablar de Antonio pensé que, o el amor la cegaba, o muy necia había de ser, pues todos los defectos conocidos del marido –como el beber, el jugar, y el andar con mujeres– parecían no haber sido comprobados por esa mujer.

11

BATALLAS GANADAS: PRELUDIOS DE MUERTE (1571-1573)

El rey mandó dirigir a su hermano la que sería la mayor batalla naval de nuestros días. Por este motivo don Juan, aprovechando que don Felipe y la reina se habían marchado a El Escorial, organizó una despedida en el Alcázar.

Acudimos prestos.

Pérez, allí presente, se tomó unos vinos de más, que produjeron la consabida soltura de la lengua.

Empeñado en tratar a don Juan de «excelencia» en vez de llamarlo «alteza», don Juan pareció no escucharlo las dos primeras veces, pero a la tercera le llamó al orden. El hermano del rey no soportaba que nadie –y menos un secretario engreído– osara utilizar ninguna argucia para recordarle en público que era un simple bastardo y más ahora, que no habiendo sucesor varón a la Corona, sus posibilidades de llegar a ocuparla eran mayores.

–Yo que vos no me ofuscaría tanto, porque en vuestro próximo viaje a Italia todos os darán el tratamiento que os es debido y no el pretendido –le contestó entonces Antonio.

Y siguió diciéndole que por librar batallas y ganarlas lo único que sacaría en limpio sería que su hermano le concediera más confianza, pero no hasta el punto de nombrarlo su sucesor, como anhelaba. Cosa que sin duda no pasaría por su mente a no ser que la reina, que ya preñada se hallaba, no le diera un varón.

A pesar de que todos veíamos como don Juan empezaba a enfurecerse, Antonio prosiguió, y su ceño se frunció. Pero cuando a asirle de la gola se dispuso, Ruy estuvo muy rápido: cogió a Pérez del brazo y le dijo al oído que callara sacándolo del salón. La fiesta prosiguió, y Ruy volvió tan sólo media hora después. Dirigiéndose a don Juan le contó cómo tuvo que llevar hasta su casa al secretario, pues ni montar podía, y le rogó que hiciera caso omiso a lo escuchado de sus labios, dado que seguro era que no lo pensaba.

En los días que siguieron, Ruy pareció estar enojado con Pérez, e incluso llegó a decirle que con su conducta sólo podría perjudicarse a sí mismo. Sin embargo, supimos que Antonio intentó que el rey escribiera a Italia para ordenar el tratamiento de «excelentísimo» a don Juan. Cosa absurda que no consiguió y que además se tornó en su contra, como le advertimos, pues los italianos más ilustres recibieron a don Juan más como a un miembro de la familia real que como a un simple general, llamándolo todos su alteza, incluido nada menos que el papa.

Aquel breve incidente separó por completo a don Juan de Pérez. Nunca se habían tenido demasiado afecto, pero lo que estaba claro es que después de aquella noche no se lo tendrían más, y aunque don Juan pareció conformarse con las explicaciones de Ruy, su venganza vendría años más tarde y con creces.

Las noticias sobre el viaje de don Juan eran las que más se

difundían y parecían captar la atención de todos. Ya estaba a punto de finalizar el mes de agosto, cuando llegó a Messina, lugar de partida de la gran escuadra. Según contaban, nunca en la historia del hombre se habían reunido tantísimos cristianos para partir a la mar en defensa de la verdadera y única religión. Cerca de doscientas ocho galeras, en su mayoría españolas, irían escoltadas por otros cien bergantines, fragatas y barcos de apoyo.

Como bien sabes, nuestra victoria en Lepanto fue aplastante.

En Madrid recibimos la noticia el día de Todos los Santos, cuando el rey vino de El Escorial para las procesiones, y mientras a la iglesia se dirigía a dar gracias a Dios por su ayuda y rezar por las almas de los caídos en la batalla. La gran alegría de toda la corte les hizo saltarse toda norma protocolaria yendo a felicitarlo muchos a destiempo y en lugar no oportuno. Pero tan alegre parecía su majestad que a ninguno llamó al orden, y agradeció a todos sus muestras de cariño, lealtad y cristiandad.

–Ahora don Juan se creerá más rey que nunca –dijo Antonio, al salir de misa–. En lugar de pensar en divertirse con las napolitanas, sería mejor que se ocupase de desarticular los barcos que ha dejado en el puerto. ¡Su mantenimiento nos cuesta una fortuna!

Todos los que le escuchamos sabíamos a las claras de las rencillas y odios que entre Pérez y don Juan había. Pero nadie le calló, pues sus argumentos parecían ciertos y todo lo que decía lo justificaba y demostraba fielmente, y de tal modo lo hacía que parecía defender su postura en defensa del rey.

Sin embargo, Ruy de nuevo le apercibió y le dijo que la discreción es la mejor virtud de un secretario. Sobre todo si la información que propagaba, aunque fuera a un puñado de amigos, la conseguía ejerciendo sus funciones y de documentos secretos a los cuales tenía acceso por su cargo, pues si el rey había decidido no hacerlos públicos sería por algo, y su deber era mantenerlos como hasta ese momento estaban.

Aquellas rencillas quedaron momentáneamente a un lado por la sucesiva llegada de dos noticias trágicas. La primera fue la muerte del papa Pío V, gran fraguador de la Santa Liga que había machacado a los Turcos, reformador del Concilio de Trento y expulsador de prostitutas y judíos en Roma, mano dura y eficaz contra todos los enemigos del cristianismo.

La segunda llegaba de Francia, donde Catalina de Médici había decidido seguir cumpliendo con lo que su astrólogo judío Nostradamus le había predestinado, el dar a todos sus hijos una corona.

La vieja reina pensó que nada era mejor para demostrar su cristiandad tan sometida a duda, que pasar a cuchillo a los calvinistas la noche de San Bartolomé.

Una dama francesa de la reina Isabel que había regresado a París, me contó en una carta cómo aquella noche los gritos y alaridos surcaron las callejas de esta ciudad hasta muy entrado el día. Y que tantos fueron los muertos, que una semana después seguían las carretas recogiendo cadáveres de las calles para ir a quemarlos a las afueras de la ciudad. A la mayoría de ellos no les habían quedado parientes vivos para encargarse de su sepultura; por lo que el olor a podredumbre humana y carne chamuscada atufó a toda la ciudad durante muchos días.

Gracias doy a Dios por no haber tenido que vivir nunca una situación similar. Aunque en todas las lejanas guerras participábamos, ninguna contienda nos hizo luchar entre vecinos de las mismas villas y lenguas, que sin duda son las que más dolor producen.

En Holanda tampoco las cosas iban como todos hubiésemos esperado. Una vez más el rey se tuvo que convencer de que las tácticas bélicas no llevaban a ninguna parte, y que mejor sería regresar al diálogo.

Ruy andaba enfermo, pero aun así fue el primero en quien pensó su majestad para que acudiera a Holanda a demostrar una vez más sus cualidades pacifistas. Tuvieron varias reuniones, pero vuestro padre ya no era el mismo que antes, y muy consciente era de ello, por lo que decidieron elegir a alguien que capaz fuera de llevar a cabo este asunto.

Se pensó luego en Antonio, pero el rey no quiso prescindir de él en sus despachos.

Mientras todos estos eventos ocurrían, tan lejos de Madrid, la gran Villa empezaba a ser considerada por el rey como una segunda sede de gobierno, encontrándose cada vez más encariñado con el ya Monasterio de El Escorial. Al mismo tiempo, don Felipe instauraba la antigua moralidad castellana a rajatabla, y sobre todo no indultaba a nadie que por su educación bien tendría que saber las normas a seguir y desechar cualquier otra forma de vida.

La última anécdota que corría de boca en boca era cómo el conde de Ribagorza había sentenciado a muerte a su esposa por adulterio, cumpliendo la ejecución de ésta sin llevarla a juzgar por los cauces y órganos competentes para estos negocios. La pobre ajusticiada era hermana de la condesa de Chinchón, que no dudó en pedir justicia al rey. Su hermana había sido asesinada a manos de su marido sin tener ni siquiera posibilidad de argumentar nada en su defensa.

El rey ordenó inmediatamente la captura del justiciero, que había huido a Roma. Pronto fue capturado y ejecutado por orden del monarca. Chichón quedó enormemente agradecido a su majestad. Lo que el rey no sabía es que éste era enemigo acérrimo del padre del ejecutado.

Ruy, entre todas estas habladurías y líos, cada día se apagaba más.

Llegó el verano. El rey seguía en El Escorial y a mí me hubiera entusiasmado ir a Pastrana, pero vuestro padre me necesitaba. Había sido una de las personas más vitales que había conocido, sin embargo ahora estaba cada vez más avejentado, cansado y enfermo. A principios de julio casi no se levantaba de la cama, la enfermedad le comía día a día y yo me pasaba las horas muertas a su lado.

Ruy nació un simple hidalgo y llegó a príncipe, y para algunos a rey, como le apodaban. Era estable, afable, generoso, excesivamente puntual para nuestras costumbres, nada arrogante aunque lo podía haber sido dada su cercana posición al monarca. Con los amigos se mostraba prudente y discreto. En los asuntos políticos era fiel a su majestad y le sirvió siempre loablemente, con las manos limpias, el espíritu alto y condición generosa. Conmigo fue marido cariñoso, comprensivo, respetuoso, dulce y benévolo.

Era el eje de la familia, y todo giraba a su alrededor. Nunca pensé que nuestras vidas cambiarían tanto al faltar su presencia. Transcurrido ahora el tiempo, creo que fue la voz de mi conciencia durante todos esos años. Por ello estuvimos todos en nuestra casa a salvo de influencias externas que tornasen nuestra felicidad en la amargura que ahora padecemos.

Después de su larga y dolorosa enfermedad murió el día veintinueve de julio del setenta y tres, no sin antes haber dejado las cosas en la tierra bien organizadas. Años más tarde sufrí un similar dolor en esa misma fecha, y por eso tengo la intuición de que moriré ese mismo día.

Aquella jornada fue una de las más dolorosas de mi vida. Al caer la noche el calor continuaba atormentándonos, y sin embargo, cada vez que cogía a vuestro padre de la mano, porque un leve gemido salía de sus labios, la tenía fría como un témpano. Ya el doctor que le asistía me dijo antes de retirarse que poco le quedaba y que era cuestión de horas, por lo que decidí pasar todo el tiempo a su lado.

Su respiración era entrecortada y su última hora se me hizo eterna. Mi mirada quedó fija en la parte de las sábanas que cubrían su pecho para ver si su débil respiración era constante. Comenzó a fallar, sin ningún cambio en la expresión de su rostro. Repentinamente se paró, cinco o seis veces antes de hacerlo definitivamente.

Durante aquellos interminables intervalos en los que Ruy más estaba con Dios que en la Tierra, mi corazón y respiración se paraban al mismo tiempo que los suyos. El pensamiento y deseo de morir con él, supongo que era la principal causa de que mi cuerpo reaccionara de tal modo.

Sin embargo, poco tardé en comprobar, cuando la muerte venció a la vida, que Dios no me llamó, pues después de contener la respiración como en las ocasiones anteriores la recuperé de nuevo. Entonces tomé el espejo que el médico me había dejado junto a su lecho y al acercarlo a su nariz no se empañó. Quedé quieta observándolo. Aquella tranquilidad que le caracterizaba era en ese momento más palpable que en ningún otro de su vida. Allí quedaba yo, a los treinta y tres años recién cumplidos, sola y rodeada de niños por los cuales velar.

Un miedo indescriptible a la responsabilidad me asaltó de repente. Las lágrimas brotaron de mis ojos como manantiales y mis pensamientos sólo se dirigían a un propósito: huir. ¿Y qué mejor modo de hacerlo que ingresar en uno de los conventos que los dos habíamos ayudado a fundar sólo unos años antes?

Así fue como, dando más riendas a la pena que a la razón, me levanté del lecho de Ruy, sobre el cual estaba inclinada, y besándolo por última vez, le arranqué el hábito al fraile que más cerca de mí se encontraba y me lo puse sobre el sayo, anunciándoles a todos los presentes que de mi persona se olvidasen, porque había decidido partir hacia Pastrana y enclaustrarme en el convento de aquellas santas monjas el resto de mis días.

Todos se alteraron mucho, y un cúmulo de conversaciones dejé a mi espalda al cerrar la puerta del aposento de vuestro padre. Cuando andaba galería adelante para dar las instrucciones necesarias para partir, sentí que además de mi dama alguien nos seguía con paso apresurado. Sin darme la vuelta, paré en seco, dirigiéndome a mi dama y preguntándole en alta voz que quién osaba seguirme en mi propia casa, y más en esos momentos que claro había dejado mi deseo de estar sola.

No le dio tiempo a contestarme porque ya la mano de Antonio se había posado sobre mi hombro.

–Simplemente quería despedirme de vos antes de vuestra partida y comunicaros mi pesar.

Le di las gracias abrazándolo, pues necesitaba cariño y calor en ese momento, y qué mejor persona para comprenderme que el que había sido como un hijo mayor para Ruy.

Me apretó contra sí

–Iré a veros a Pastrana –me susurró al oído. Luego, apartándose un poco–: Sabéis bien que don Ruy antes de morir manifestó su deseo de que vos misma os ocuparais de vuestra hacienda e hijos. En mi deber está el advertíroslo y el ayudaros en todo lo que haga falta.

Sin embargo, yo andaba en esos momentos flotando en una nube y no quería pensar nada más que en mi retiro; por lo que le contesté que yo era sólo una persona junto con mi señor marido, y ahora que me había abandonado sólo me sentía capaz de retirarme a esperar el día en que me uniera a él de nuevo.

De repente, la puerta del final de la galería se abrió, y al ver a mi madre me separé de Antonio y fui corriendo a los brazos de ella.

–Bien está en demostrar el dolor por la pérdida de Ruy –me dijo, después de besarme–. Pero desde el cielo más contento estara él si cumplís con su voluntad y seguís sus deseos.

Como si no la escuchara pregunté de inmediato por mi padre. Ella sacó una carta ofreciéndomela y disculpándolo una vez más por no haber estado a mi lado en ese duro momento. Cogí la carta de entre sus manos y la rompí sin ni siquiera leerla. No era un secreto el que no apreciara a Ruy. Desde que partí de su casa para vivir junto al marido que me impusieron entre el rey y él, parecióme que sus atenciones se habían terminado para siempre.

Quizás Ruy se convirtió más en una imposición para él que para mí. Seguro que hubiese querido desposarme con algún noble y poderoso señor, que en nada cumplía con el perfil de Ruy. Pero vuestro padre demostró que su valía no era heredada, como ocurría en la mayoría de los casos de los grandes nobles, pues todo cuanto formaron grandes familias durante muchas generaciones, Ruy lo había conseguido él solo.

En ese momento entró el caballerizo y me comunicó que el coche estaba listo.

–Ana, el viaje es largo y tortuoso es el camino –dijo entonces mi madre–. Recordad que no estáis acostumbrada a viajar en coche, y menos en las condiciones que os encontráis. Pensad en el hijo que lleváis en vuestro vientre.

–Si queréis acompañarme en mi pesar –le dije–, hacerlo en este momento, y seguidme en el silencio y humildad de las descalzas. Si no, ocupaos de todos los que acuden a darme el pésame. No deseo ver a nadie.

Cuando me di la vuelta vi que Antonio ya se había marchado.

Mi madre me acompañó durante todo el viaje hasta Pastrana.

Supongo que pensó que mejor me convencería de mis obligaciones yendo junto a mí que quedándose en Madrid. Ya andaba vieja y achacosa, pero su voluntad siempre fue de yerro y su tozudez aún más dura. Por lo que si algo consideraba su deber, había de cumplirlo como fuese, aun jugándose la salud. Lo que no calculó después de años sin tratarme de cerca es que esas cualidades yo las heredé engrandecidas.

Así fue como a temprana hora de la mañana del día siguiente llegamos a nuestra villa, y sin ni siquiera pasar por el palacio nos dirigimos a la puerta del convento. Las gentes que iban a los campos a trabajar vieron con sorpresa mi llegada y todos salían a mi encuentro sin saber el porqué de mi determinación, pues no se les había comunicado la muerte de su señor. Así que ordené a una de mis sirvientas que fuera rápido a comunicárselo al deán de la Colegiata, que él seguro se encargaría de informar al pueblo.

Me sorprendí bastante al ver a la madre a cargo del convento esperando en la puerta; pero al acercarme más, vi a uno de mis frailes de Madrid, que sin duda había cabalgado presto durante toda la noche para informarle de mis intenciones. Por eso que nuestra aparición no causó ni la más leve sorpresa, ni tampoco me pareció que causara alegría mi llegada, pues muy seria parecía estar la monja. Claro estaba que desde que la madre Teresa había dejado Pastrana, la madre llamada Isabel había quedado al mando del convento y era seguro que no había de gustarle que su señora fundadora viniera a entorpecer o contradecir sus órdenes.

Nos recibió amablemente, pero no pudo disimular su malestar ante nuestra presencia. Al llegar me pidió que la acompañara a mi celda, que no resultó ser como las de las demás, porque en ella habían dos camas perfectamente arregladas, una para mí y otra para mi madre, y nos dijo que descansáramos lo necesario, pues en cuanto estuviésemos repuestas del viaje comenzaríamos a vivir como verdaderas monjas de la comunidad. Antes de salir me dejó un hábito mucho más limpio y conveniente del que llevaba, y me rogó que me lo pusiera al despertar.

No comprendí muy bien cómo aquella mujer pretendía que mi madre me vistiera, pues a las dos doncellas que traía parecía haberlas mandado al palacio a descansar. Pero supuse que antes de despertar regresarían, con lo cual dormí plácidamente entre aquellos silenciosos y frescos muros durante casi un día entero.

12

Mi discutida clausura
(1573-1576)

Al despertar llamé a mis doncellas. Éstas no acudieron prestas como solían hacer; fue entonces cuando empecé a despotricar contra la priora.

–Cálmate, hija –me dijo mi madre, que ya se encontraba vestida–. Las descalzas no tienen doncellas a su servicio. Por lo que si en una de ellas piensas convertirte, mejor será que empieces a cumplir sus normas y sus votos y no a querer imponer tu voluntad. Recuerda que de señora de vasallos a ser sierva del Señor has pasado.

Abandonando ese leve tono irónico que había utilizado para sus palabras anteriores, continuó diciendo que aún estaba a tiempo para cambiar mi futuro destino y dedicarlo a mi hacienda y mis hijos; pues esos quehaceres sin duda iban más a mi persona que en lo que pensaba iniciarme.

Enfadada, me vi obligada por primera vez en mi vida a vestirme sin ayuda con aquel vulgar sayal al que osaban llamar hábito. En breve pensaba cambiarlo sino para todas las monjas, al menos para mí. Aunque para ello tuviera que ser preciso pedir bula papal.

Bajé a cantarle las cuarenta a la priora; estaban en el refectorio y salió a ver mi rostro enrojecido por la ira.

Fuimos de nuevo a mi celda y allí le presenté mis quejas al respecto. Sabía que mi rostro enojado solía intimidar a todos, pero en aquella insensible mujer no parecía hacer la más mínima mella.

–Bien sabéis que vuestras doncellas no son monjas y por lo tanto no pueden entrar en el claustro –me contestó–. Y de mí no depende quitar la prohibición. Si vuestra señora madre ha podido acompañaros es porque de una gran dama se trata. Y porque sin ninguna duda es la persona más indicada para daros el consuelo que necesitáis en estos tristes días.

–Si en ello radica el problema, entonces veo una fácil solución –le dije sin pensarlo dos veces–. Haced a mis doncellas novicias de inmediato.

–Estaré encantada de hacer lo que pedís en cuanto el prelado dé la licencia necesaria.

Aquella insoportable mujer me estaba sacando de mis casillas. Yo no podía aún demostrarle quién era la señora del convento porque todavía no estaba ordenada. Pero en cuanto lo estuviera se enteraría muy pronto de cuál era su lugar, y así se lo insinué al preguntarle qué papel jugaban los frailes en mi convento.

Aquella indicación posesiva sin duda la haría reaccionar.

No reaccionó del todo, pero sí se dio prisa en conseguir la licencia, y unos días después mis doncellas entraron en el claustro. Al acto de nuestra ordenación vinieron muchos de mis ilustres parientes, que por haber marchado con tales urgencias de Madrid no tuvieron tiempo de darme el pésame personalmente.

Después de darse cuenta de las grandes personalidades que a verme venían, la madre Isabel decidió que sería mejor concederme algunos privilegios que a las demás no les daba; supongo que pensaba que otorgándome lo que ellas consideraban caprichos y lujo, y que para mí en realidad eran simples fruslerías, mi enfrentamiento hacia ella cesaría. Se empeñó en que tomara carne en un comedor aparte de las demás monjas, y al negarme a ello, me cedió un sitio preferente a su derecha, tanto en el coro como en el refectorio. Pero aquello a mí tampoco me agradó, y disfruté muchísimo al ver su cara cuando me levanté de aquel lugar, y dándole una lección de humildad me senté junto a las novicias.

La pobre mujer ya no sabía qué hacer para complacerme sin perturbar al resto de la congregación. Además, por aquellos días decidí que los que vinieran a verme no se merecían hacerlo desde detrás de una reja. Si se trataba de damas con sus doncellas, las traían a mi celda con sus sirvientes; y si eran caballeros, era yo misma la que salía del claustro y los recibía en la iglesia.

Sé que la priora habló con mi señora madre, y que le pidió que me convenciera de que nos trasladáramos las cuatro a unas dependencias anejas al convento para vivir, donde los seglares podrían visitarnos sin turbar los deberes de las monjas, entrando por la puerta trasera que a la calle daba; y por la principal podríamos seguir cumpliendo con nuestra clausura sin atropellar los decretos del concilio, las órdenes de la Santa Madre, y sobre todo, el silencio, buen gobierno y retiro de las religiosas que dispuestas estaban a cumplirlo severamente.

Yo no iba a ceder a la voluntad de aquella imperiosa mujer, dejándola dirigirme. Porque tenía que darse cuenta de que si a priora había llegado fue gracias a mi proceder, y por lo tanto me debía todo lo que era. Pero se obcecaba en infiernarme la vida, y lo consiguió de verdad cuando me enteré de que aquellos pequeños desaires a los que yo la había sometido se los había contado a la madre Teresa por carta.

Ésta me escribió, dándome a entender que si mi conducta seguía de igual modo tendría que ordenar a la madre Isabel y a sus monjas que abandonaran el convento; y no satisfecha con escribirme en ese tono, además escribió al rey contándole todas nuestras rencillas. Sin duda aquella mujer no sabía que mis leves faltas eran piadosas al lado de las que cometían en algunos conventos de los Países Bajos, donde damas seculares que habían tomado mi misma determinación tenían libre acceso y conversación con los caballeros que a verlas iban, incluso recibiéndolos en sus propias celdas, pecado del que no se me podía culpar a mí.

–Explicadme, si podéis, qué significa esto –dije enseñando a la priora aquella absurda carta.

–Deberíais dar gracias al Señor de que la madre no os haya impuesto las penitencias que suele dar a las religiosas que contra el honor han pecado –respondió ella casi con sorna–. Pero en cuanto profeséis, si es que algún día lo hacéis, yo misma no dudaré ni un momento en ordenar que se cumplan los mandatos de la orden con vuestra persona.

No podía creer la falta de respeto con la cual me estaba hablando aquella vieja y gruñona mujer.

–Privada de alimento se os conducirá, en camisa y descalza, ante mi persona y ante todo el resto de la comunidad. Puesta de rodillas recibiréis de mi mano siete azotes de vara en el cuello desnudo y después os azotarán todas las demás. Azotes que continuaréis recibiendo durante las siete semanas siguientes de manos de la hermana mayor.

Cuando terminó de hablar, no pronuncié palabra. Me limité a salir de su celda con un sonoro portazo, y tan repentinamente que me topé con dos novicias que allí estaban fisgando, por lo que les ordené que ante mí se arrodillaran, y tan temblorosas estaban que creo que lo hicieron sin ningún esfuerzo.

Aquella mujer no parecía darse cuenta de con quién hablaba, pero su intención de humillarme fue totalmente en vano, y aquello, unido a la carta de la madre fundadora, me enojó de tal modo que aquella misma mañana abandoné el convento yéndome a la ermita que hay al final del huerto con mis dos doncellas, porque mi madre sólo dos días antes, viéndome más tranquila de espíritu regresó a Madrid.

De ese modo demostraría a las monjas que, al igual que los frailes –a los que ellas tanto admiraban–, yo también podría vivir en penosas condiciones sin necesidad de tratar con ellas. Y lo que claro estaba es que ni con un maravedí más de mi hacienda habían de contar hasta que no se disculparan y me rogaran que regresase. Cosa que sin duda harían, pues la iglesia y el convento estaban aún en construcción y a ellas imposible les era culminar estos trabajos sin mi ayuda.

Poco tiempo antes había solicitado al rey que me eximiera de mis responsabilidades como curadora y tutora de mis hijos, y me dejara ser, a partir de aquel momento, sólo «sor Ana de la Madre de Dios», y profesar luego como tal. En septiembre de aquel año llegó su respuesta: me ordenaba que aceptara el cargo de curadora. Sin ninguna duda, los amigos de Ruy habían intercedido, y, como mi señora madre, opinaban que esa obligación era más urgente de cumplir que la de casarme con Dios.

Todos y todo parecía estar en contra de mi voluntad. La madre Teresa, mis familiares más allegados, el rey, y hasta mi todavía disimulado embarazo de vos.

El frío comenzó pronto, y aunque la ermita tenía una chimenea, las ráfagas de viento helado se colaban por entre las rendijas de puertas y ventanas, haciendo prácticamente imposible calentar aquellos endebles muros. Los sabañones empezaron a nacer en mis pies como setas en un bosque y el dolor que me provocaban era insoportable. Fue entonces cuando decidí acatar fielmente la orden del rey de cuidar de tus hermanos y no abandonarlos en manos de cualquiera. Después del día de la Natividad de Jesucristo decidí trasladarme al palacio, teniendo muy claro que mi intención de enclaustrarme ya había quedado clara y que nadie en Madrid iba a disfrutar de mi compañía en mucho tiempo, a pesar de que por todas estas argucias pensaran que fácilmente regresaría a la corte.

Pero aquella rencorosa priora que tan difícil me hizo la estancia en su convento, no pareció cesar en sus quejas sobre mi persona, pues los frailes venían de su parte continuamente a solicitarme, ya fuesen monedas, alimentos, o leña para calentarse. Yo quería que demostrase la madre priora ser tan humilde como decía, y viniera ella misma a pedírmelo. O si su clausura no se lo permitía que me escribiera de su propio puño y letra lo que necesitaba.

De este modo comprendería de una vez y para siempre el gran error que había cometido al no reconocerme como a su señora. Así se lo hice saber a los frailes y éstos se enojaron diciendo que la caridad humana no tenía nada que ver con el orgullo ni con la venganza; y que en cambio había de saber que las religiosas que en aquel convento moraban, si no recibían ayuda morirían de hambre y frío en pocos días. Aun así, no cedí a sus peticiones, pues hacía tiempo que esperaba que aquellas monjas me imploraran como salvadora de su congregación.

Una mañana de finales de enero una de mis sirvientas subió corriendo a mis aposentos. Por lo visto un hombre que vivía muy cerca del convento pedía hablar urgentemente conmigo. Al parecer había descubierto algo sorprendente acerca de mis monjas.

Ordené que le hicieran entrar, me vestí y bajé rápidamente a ver con qué habían salido esta vez esas caprichosas mujeres.

Después de inclinarse respetuosamente, mi informador empezó a narrar que hacia la medianoche, cuando se levantó a atizar el fuego, había oído ruido de cascos, que resultaron ser de mulos pasando delante de su casa. Como le extrañó que a esas horas y con ese frío arreciando alguien pasara por gusto, se asomó al alféizar de la ventana y quedó perplejo cuando vio que quienes producían ese sonido eran las monjas del convento, que sobre los animales iban en silencio. Agregó que había salido de inmediato a impedir aquella huida, pero un fraile le cortó el paso. Atándole y dejándole después en el interior de su casa, le dijo que se veía obligado a actuar de tal modo para que no diera la voz de alarma y me avisara de lo que estaba aconteciendo. Lo último que pudo ver antes de que le introdujeran en su casa a empellones fue dos carros que aguardaban encima de la colina. Temeroso, el pobre hombre me pidió disculpas por no haber podido venir antes, pero es que hasta que su mujer no se levantó no pudo librarse de sus ataduras ni de la mordaza que esos desalmados le habían puesto.

De hecho, recuerdo que todavía se notaban las marcas en los costados de su boca.

Después de premiarlo como correspondía por su fidelidad, envié a veinte de mis mejores hombres en busca de aquellas desagradecidas monjas.

Aunque nos llevaban muchas horas de ventaja, yendo ellos cabalgando y aquellas desertoras sobre carros, era seguro que las alcanzarían siguiendo sus huellas. Pero desafortunadamente no fue así, pues desaparecieron como dicen que las brujas hacen en sus aquelarres y tuve que conformarme con pedir explicaciones a la madre Teresa, que nunca contestó.

En aquellos días empecé a experimentar cierta nostalgia de la corte; no había pasado mucho tiempo desde la muerte de tu padre y ya en algunas ocasiones sentía que nadie contaba conmigo para los negocios que allí se cocían.

Pero no regresé a Madrid hasta que me vi obligada a ello, pues tu abuela había muerto sin apenas avisarlo.

Madrid ya no era la misma rica villa que cuatro años atrás. El rey había ordenado la suspensión de pagos a los banqueros; las ferias castellanas quedaban paralizadas hasta nueva orden; la plata que llegaba de las Indias no bastaba para cubrir los gastos en los que las arcas del Estado estaban metidas y durante esta nueva crisis el rey no contaba ya con la indispensable ayuda de vuestro padre para arreglar estos problemas.

Llegué justo a tiempo para besar a vuestra abuela antes de que procedieran a su enterramiento. Hacía muchísimo tiempo que no veía a mi padre, y nada más entrar me dirigí a él. No parecía muy afectado y de hecho bien me lo demostró muy poco tiempo después.

Me abrazó nada más verme, y nos retiramos a la estancia vecina al cuarto en donde yacía inerte mi señora madre. Lo encontré muy cambiado y envejecido, pero lo que más me impresionó fue su entereza. Tan cansado lo encontré que decidí no objetarle en ningún momento su conducta hacia mí cuando nacieron y murieron los míos.

Tanto tiempo hacía que no hablábamos, que era difícil conseguir que fluyera la conversación entre nosotros, y los silencios se me hicieron eternos. Tan poco contacto habíamos tenido que incapaz era de saber qué le podía interesar y al mismo tiempo él no parecía esforzarse lo más mínimo facilitándome la labor de complacerle. Sus pensamientos andaban lejanos; simplemente me miraba en silencio. Sabía que le hubiera gustado que yo fuese algo más, pero las cosas no se podían cambiar.

Todavía debía de estar caliente el cuerpo de mi madre cuando él, no consciente de su ancianidad, cavilaba la posibilidad de poder aún cumplir su más ferviente deseo en la vida: tener un varón. Ya pensaba con quién poder matrimoniar, y de hecho lo hizo sin esperar ni siquiera el año de luto conveniente. No sé que tenía mi señor padre en mi contra, quizá todo su odio al destino por haber sido la única nacida de su anterior matrimonio lo descargó contra mi persona. Ni Ruy, ni yo, jamás le hicimos nada. Y puedo jurar que le respeté hasta el día que contrajo ese matrimonio.

La elegida resultó ser doña Magdalena de Aragón.

Fue Antonio el que vino a darme la noticia a casa.

–Es mi deber informaros de todo lo que se fragua en vuestra contra, ahora y siempre –recuerdo que me dijo–. Habéis pasado algún tiempo alejada de Madrid, pero si me permitís el privilegio de guiaros, en unas pocas semanas estaréis dentro de la corte más inmersa que nunca.

Se lo agradecí y pasamos toda la tarde juntos, hasta que hubo de regresar a su casa.

Después de aquella tarde sus visitas se hicieron cada vez mas frecuentes. Y la verdad es que fue la persona que mejor me acogió.

Con mi padre apenas nos veíamos. Si he de seros sincera no me importaba en absoluto lo que ese viejo desalmado hiciera con su vida, pero temía que Dios le concediera el poder engendrar un hijo a pesar de su avanzada edad, pues ello sería el fin de mis pretensiones.

Se desposó y ni siquiera se dignó a llamarme para el acontecimiento. A los pocos meses, murió. Siento decirte que no me dolió. Más bien su muerte significó para mí la extinción de un peligro latente que me acosaba cada día más. Cuando me lo dijeron, tan alegre estaba que decidí ir a dar el pésame a su viuda; al fin y al cabo supongo que aquella joven mujer también descansó aquel día.

En realidad la compadecía y me era fácil imaginar cómo aquella joven criatura había soportado resignada la obligación de dormir y cohabitar con aquel viejo decrépito, que únicamente la utilizaba como vía para ver cumplido aquel deseo frustrado que pareció acosarle desde mi infancia.

Cuando entré, el silencio se hizo en la estancia y todas las miradas se clavaron en mí. No me sorprendió lo más mínimo, y me dirigí a mi madrastra sin el más leve titubeo.

Ella se levantó de donde estaba sentada, más parecía ser yo su hermana mayor que su hija, pero de aquello no éramos culpables ninguna de las dos.

–Por favor, sentaos cerca de mí –dijo–. Segura estoy de que todo el que a verme vendrá, encontrará placer en hablar con vos.

Parecía afectada, desde luego mucho más que yo.

Ya adquirida la confianza debida le dije para consolarla que no había de preocuparse, que muy joven era todavía y que seguro que algún buen marido había de encontrar. Levantando la cabeza, me miró y dijo:

–Por el momento mi único plan para el futuro es dedicarme en cuerpo y alma al hijo de vuestro padre que en mi vientre mora.

Su madre estaba junto a ella y al ver la expresión de mi cara no pudo evitar el sonreír.

No supe disimular. Aquella felicidad que sentía se esfumó y lo único que pude fue levantarme con tal ímpetu que la silla en la que me encontraba cayó al suelo estrepitosamente, lo que centró la mirada de los asistentes nuevamente en mí. Sin despedirme, salí corriendo y nada más sentarme en mi coche las lágrimas surgieron de mis ojos. Dado que Dios parecía no querer ayudarme en nada, era seguro que aquel usurpador que pronto vendría al mundo sería un varón.

Todos mis enemigos se mofarían de mí. Desde ese mismo momento los podía imaginar riendo y murmurando a mis espaldas. Pasaría de ser una mujer envidiada a inspirar pena; y aquello acabaría con mi dignidad. Necesitaba consuelo, y sólo había en Madrid una persona que de verdad me entendía y en la cual podía confiar completamente.

Cuando llegué a casa, Antonio estaba desmontando en el patio.

Bajé de la litera de un salto sin esperar a que me ayudasen y me dirigí a él rápidamente. Le agarré de la mano y corrí escaleras arriba. Se dejó arrastrar sin pronunciar palabra y le llevé a mi estancia. Mientras subíamos ordené a todos los sirvientes que desaparecieran.

Al quedarnos a solas comencé a explicarle lo ocurrido entre hipidos y sollozos. Pero él no me dejó continuar; acercándose hasta donde yo estaba, posó su índice sobre mis labios, me apretó contra sí y me besó.

Sé que tus hermanos estaban al tanto de mi relación con él desde muy pequeños, y con vosotros, aunque no lo recuerdes, siempre se mostró afectuoso. Creo que aunque famoso por sus intrigas y preparación meticulosa para todos los negocios, Antonio actuó con espontaneidad en esa ocasión. Simplemente, surgió aquello que sin duda llevaba años en nuestro interior y que si en algún momento intentó asomar lo ahogamos con la voluntad.

Yo necesitaba apoyo y amor. A mis treinta y seis años me sentía aún una mujer joven. Aquel beso desencadenó un cúmulo de sensaciones de las que hasta entonces había oído hablar pero que nunca había experimentado. Lo que con vuestro padre era una obligación a cumplir, y en muchas ocasiones a disgusto, pareció convertirse de repente en una necesidad imperiosa.

Detrás de ese beso vino otro y otro, hasta la respiración se me cortaba. Algo surgió de mis entrañas y una repentina obsesión por querer fundirme con el cuerpo de Antonio me asaltó. Poco a poco mis vestiduras desde la capa a las más íntimas, fueron cayendo y mi ansiedad por sentir sobre mi piel la suya nos llevó a yacer juntos.

En aquel momento no pensé en los mandamientos. Una hora antes me había sentido la mujer más defraudada e infeliz de esta tierra y en esos instantes creo que subí más allá de los cielos.

Aquello complicaría toda mi vida. Pero fue algo que ni siquiera acudió a mi mente. Supongo que esa noche fue probablemente la única vez en mi vida en que me entregué por entero a alguien, y creo que más pecar sería arrepentirme de aquello que el propio pecado carnal en sí.

Desde aquel día vi la vida de otra forma. Aun así, procurábamos llevar nuestra relación discretamente. Si no llega a ser por su ayuda moral en todo momento no sé cómo hubiera aguantado aquellos meses de larga espera, pues el embarazo de doña Magdalena se me hizo mucho más largo que el de todos vosotros juntos. La sensación de inseguridad que me provocaba el hecho de no saber bien qué me deparaba el futuro me influyó, provocándome una susceptibilidad y falta de paciencia constante.

El testamento de mi padre, así como todos sus títulos y honores, quedaron en suspenso hasta descubrir si aquel pequeño usurpador era un varón.

Una tarde andaba yo esperando a Antonio en mi antecámara; había quedado el día anterior en venir sobre las seis y sin embargo ya eran las ocho y todavía no había llegado. Me resultaba extraño, pues la mayor parte de las veces que se había retrasado siempre me había mandado aviso.

Estaba a punto de comenzar a escribirle una nota cuando pude oír el ruido de cascos que entraban en el patio. Me levanté presurosa y desde la ventana le vi llegar. Subió las escaleras de dos en dos y entró sin llamar.

Iba a reprenderle por su tardanza cuando él se adelantó:

–Las dos horas que habéis estado esperándome no son nada en comparación con la noticia que os traigo.

–No me hagáis impacientar más, os lo ruego.

Su expresión hasta el momento había sido seria, pero al escuchar mis palabras se volvió casi adusta.

–Doña Magdalena acaba de parir. Si he tardado en llegar es porque uno de mis sirvientes que se encontraba asistiendo en el parto todavía no había regresado con el resultado.

La tensión me invadió, pero al mirarle a los ojos vi que su seriedad era fingida. Lo agarré de la capa y lo zarandeé, diciéndole que no me tuviera en ascuas y que me lo dijera ya.

–Mi tuerta, estáis salvada –dijo al fin–. ¡Ha sido niña!

Me derrumbé sobre el banco y después de asimilarlo comencé a reír como una loca. Antonio me persiguió a gritos para que le dejase continuar. No sólo ya no perdía el mayorazgo, sino que además conservaría lo restante sin repartir. doña Magdalena de Aragón había malparido y la criatura nació muerta. Tan contento andaba Antonio que al sirviente que le dio la albricia final le había dado seiscientos ducados.

Quizás, Ana, al escuchar todo esto os parezca que nos comportábamos como malos cristianos, alegrándonos de la desdicha ajena. Pero si aquella criatura hubiera nacido varón y sano, ninguno de vosotros hubieseis llegado a donde estáis.

Sin embargo no terminó mi lucha ahí. Los padres de la viuda alentaron a uno de mis primos para que demandara en parte de los mayorazgos que poseía y así lo hizo alegando su derecho de preferencia como varón sobre ellos. En este caso luché también y mucho salvé, aunque otra parte la ganó él en el juicio.

Antonio y yo seguimos riéndonos a menudo, pero siempre discretamente en mi casa. Si alguno de los que testificaría en nuestra contra tiempo después pudo sorprendernos juntos fue únicamente en ocasión de las muchas cenas que Antonio daba en la Casilla, hablando yo con él como cualquier otra dama. Pues nunca reconocimos en público nuestra relación, aunque sí afirmé en algunas ocasiones, a fisgonas natas, nuestra gran amistad.

Lo único que os diré es que toda la corte perdía hasta la dignidad por ser invitado a aquellos eventos, dado que los reyes cada vez estaban más enclaustrados y que aquellas grandes fiestas de antaño que se organizaban en palacio parecían haber pasado a la historia; el único divertimento que quedaba era el que Antonio nos proporcionaba. En ellos se ofrecían comedias nuevas y las más divertidas representaciones para las damas, mientras que los caballeros jugaban a los naipes.

Recuerdo el final de aquel año como uno de los más divertidos que viviera. Aquel mundo, que oscuro y difícil de superar veía, se había transformado en luz y color. Aquel temor a no volver a ser uno de los puntos de mira en la corte se había desvanecido. Todo gracias a Antonio, que siempre contaba con mi consejo y presencia en todos los cenáculos, al mismo tiempo que me informaba de los negocios que le preocupaban.

Así supe que, a pesar de la antipatía de Pérez por el proyecto, gracias a la hábil mediación de su secretario, don Juan estaba a punto de conseguir el visto bueno del rey para tener carta blanca en los Países Bajos; ello le permitiría hacer realidad su deseo frustrado de invadir Inglaterra desde allí y casarse después con María Estuardo.

Sin duda, su afán de ser rey no cesaba. Esta posibilidad nos molestaba, por distintos motivos, tanto a Antonio como a mí. Pero jugar la baraja de los celos reales para convencer a su majestad de que desistiera de tal empresa, me parecía un argumento demasiado débil para hacer mella en un ser de tan alta exigencia moral como don Felipe. Pensé que usar una excusa de orden político podía estar mucho más de acuerdo con su sentido de la responsabilidad como monarca y así se lo dije a Antonio.

Nunca pude imaginar que ese consejo acarreara la llegada a Madrid del personaje que más daño hubo de hacerme el resto de mis días.

13

El metomentodo Escobedo (1577-1578)

Durante su juventud Escobedo había sido uno de los muchos discípulos y fieles seguidores de vuestro padre. Creo incluso que Ruy había intercedido a su favor para que ocupara la plaza de secretario de don Juan, al que se hallaba sirviendo desde hacía algún tiempo en los Países Bajos. Antes de desplazarse a El Escorial, donde el rey lo recibiría para hablar del plan de don Juan, se presentó en casa.

Le recibí sin excusas, pues supuse que venía a participar de una misa que aquella mañana se había de decir por Ruy en nuestra capilla.

La celebración en recuerdo de vuestro padre no fue en verdad muy lucida, porque por aquellas fechas la mayoría de las damas y caballeros de la corte se habían trasladado a sus mayorazgos en los campos donde solían pasar todo el verano.

Como el funeral terminó hacia la una y media, me creí obligada a invitarles a mi mesa. En el momento de sentarnos –a mi derecha coloqué a Antonio y a mi izquierda a Escobedo–, percibí claramente la contrariedad de este último, pero no me importó en absoluto porque al fin y al cabo él sólo era el secretario del hermano bastardo del rey, y no del rey mismo, como lo era Antonio.

Procuré actuar como buena anfitriona, aunque a decir verdad la conversación y el sentido del humor del recién llegado Escobedo brillaban por su ausencia, por lo que sin querer debí de pasar todo el almuerzo dialogando animadamente con Antonio, lo que supongo contribuyó a que el enojo inicial de Escobedo fuera en aumento.

Al terminar pasamos a la sala contigua al comedor. Escobedo se acercó a mí discretamente.

–¿Vuestra merced me haría el honor de hablar conmigo a solas? Sé que no es el momento pero se trata de un negocio que necesita de vuestra atención.

Brindándole mi brazo para que lo asiera me dirigí a una esquina de la sala con él. No habíamos llegado aún a nuestro recóndito lugar cuando comenzó a hablar acelerado y nervioso, pero sin ningún tipo de cortapisas.

–Habéis de saber que las murmuraciones de lo que sucede en esta villa y corte parecen ir muchas veces más rápidas que el viento. Los correveidiles no sé que poder embrujado tienen; lo cierto es que los asuntos que transmiten tienen más interés en las mentes de los españoles que las decisiones políticas.

Mi ansiedad iba creciendo, y mis sospechas sobre lo que continuaba ya eran bastante claras. Pero seguía sin creerme que aquel recién llegado tuviese la osadía de hablarme así.

–Dejaos de rodeos de una vez, y si es verdad que algo realmente importante os preocupa y me incumbe a mí, soltad la lengua de una vez con cuidado de que no se os atragante.

–Lo hago con la esperanza de que no os altere, pero dado

que he tenido la inmensa suerte de comer de vuestro pan en vuestra mesa, me siento en el deber de informaros. Sólo en vuestras manos está el que las habladurías no prosperen, pues si lo hacen, gran daño y perjuicio producirán al honor intachable de vuestra Casa.

La impaciencia me empezaba a corroer.

–Por Dios, terminad de una vez y no os andéis por las ramas. ¿O es que no veis que todos los reunidos ya están mirando hacia aquí? –le dije. Y sin poder controlar un taconazo sobre el suelo le ordené que siguiera.

Con buen resultado, pues casi de un tirón respondió:

–En los Países Bajos no parecía hablarse justo de otra cosa que de la gran confianza que parecía existir entre Pérez y vos.

Os aseguro, Ana, que si lo hubiera hecho con otro tono, de otra manera y en otro lugar, lo podría haber pasado por alto; sus maneras me recordaron a las de Ruy cuando me corregía.

–Lo único que os puedo decir es que muy bien tenéis puesto el nombre –le contesté entonces–: Escobedo. Dedicado a recoger la basura que anda por los suelos.

Estaba enfadada, pero al mirarle a los ojos igual podía ver su incertidumbre y aunque ganas no me faltaron de reírme decidí mantener mi actitud.

–Y a partir de este preciso instante habéis siempre de recordar que los de vuestro oficio no tienen qué decir en lo que hacen las grandes señoras. ¡Os ordeno que abandonéis mi casa! Pero antes escuchad esto: gracias a vuestra hábil diplomacia para conmigo, tened por seguro que hablaré con el rey de don Juan; aunque no pienso ni por un breve instante hacerlo en su favor.

Escobedo quedó en silencio, y después de unos segundos abandonó mi casa con el rabo entre las patas, como un director espiritual no deseado.

Cuando regresé a donde se encontraban los demás, no debí de disimular mucho mi contrariedad porque a los pocos minutos empezaron a levantarse y a despedirse afectuosamente.

–Te agradecería que me ayudaras con ese metomentodo –le dije a Antonio cuando todos se fueron.

Permaneció callado, pensando.

–No os lo conté por no preocuparos, pero Escobedo vino a verme ayer –dijo al cabo de unos instantes–. Utilizó una excusa todavía más absurda que la de hoy.

»Cuando entró tenía esparcidos varios documentos sobre mi mesa, que por descuido y debido a lo inesperado de la visita no guardé. Entre aquellos papeles había dejado la última carta que me enviasteis cuando estuve en el campo. Momentos antes descansaba de los negocios releyéndola, porque aunque casi a diario nos veamos ya sabéis que en raras ocasiones consigo apartaros de mi mente más de una hora seguida.

Sin contestar, le cogí de la mano y la apreté con fuerza. Antonio prosiguió:

–Fui a la puerta para recibirle y le rogué que se sentara. Cuando regresé de dar la orden para que le trajeran un refresco, pude ver cómo pasaba la vista por toda mi mesa. Sin esperar un segundo más me senté frente a él, pensando que sería más inteligente intentar sonsacarle a posteriori qué había descubierto en esos breves momentos. Después de hablar de tonterías sin importancia, citó las habladurías de hoy.

»No le di explicaciones, simplemente le dije con aire de poco interés lo raro que me resultaba que una persona de su categoría se prestara a comidillas de doncellas y cocineras.

Parecía haber olvidado las enseñanzas de Ruy de que para ser buen diplomático jamás hay que decir cosas que puedan molestar.

–Antonio, sabes que a mí no me importa nada que la corte murmure, es más, me divierte mucho, pero no quisiera que llegara a los oídos del rey. Desde hace tiempo sigue un régimen de oración y rectitud moral, más parecidos a los de un clérigo que a los de un rey, y lo mismo espera de todos los que le rodeamos. Bien lo ha demostrado con los severos castigos que últimamente ha impuesto a los que han osado apartarse en ese aspecto.

–No os preocupéis más de lo debido, pues Escobedo no es tonto y sabe que conmigo en su contra no conseguirá sus propósitos para don Juan, y sólo eso le hará tener la boca cerrada.

Aquella noche, Pérez se quedó a cenar; pero desde aquel día procuramos ser más cautos en nuestras entrevistas.

Pasaron los meses y la labor de mi amigo en contra de Escobedo avanzaba lenta pero segura. El rey desconfiaba de aquel personaje y aquello era una baza muy útil para nosotros. Hábilmente, cada vez que su majestad consultaba algo a su secretario sobre los negocios de don Juan, Antonio aprovechaba para fomentar la desconfianza.

Estaba claro como el agua que el hermano bastardo del rey, estimulado por sus hazañas y victorias, pensaba de una manera u otra llegar a sostener un cetro, un tálamo y un trono, sin importarle en lo más mínimo los medios para conseguirlo. Hubo un tiempo en que yo le estimé, y no niego que en algunas ocasiones pensé que mejor rey sería que el que teníamos. Pero quizá la enemistad que Pérez tenía desde hacía años con él me influyó, y yo misma me convencí de sus teorías según las cuales don Juan era un constante aspirante de usurpación de tronos.

El rey quería a su hermano, pero la desconfianza en sus peligrosos proyectos cada vez se hacía más patente. Por fin, Escobedo le comentó al rey que don Juan pensaba dejar Flandes y dirigirse a Escocia, donde podría casarse con María de Estuardo y así conseguir de una vez por todas aquella alianza que tan deseada y frustrada había sido en los sucesivos matrimonios reales que se habían dado entre España e Inglaterra.

Antonio fue consultado al respecto, y nuestra labor de venganza hacía Escobedo se acercó al cenit. En primer lugar alertó al rey de que se anduviera con cuidado, que sin duda Juan de Escobedo era peor consejero de don Juan que aquel otro que hubo de apartar de su lado por su nefasta influencia.

Le dijo también que corría el rumor de que andaba buscando partidarios de don Juan no sólo en nuestra corte sino también en la francesa, y todo de acuerdo a una estrategia ideada y escalonada por él de entrar en primer lugar y con real licencia en Escocia. Y de allí dirigirse a Francia con sus tropas para unirse a los mayores rivales de su majestad. Un buen día nos levantaríamos y recibiríamos la penosa noticia de que aquella alianza secreta habría caído sobre Santander para conquistar España.

Todo aquello se lo expuso Antonio a nuestro señor el rey con argucia y con mucho cuidado; dejando claro, de vez en cuando, que don Juan no llegaba en toda esta maraña nada más que a conocer el primer escalón, y que seguro era que todos los que cerca de él estaban eran los que urdían la trama, para luego poderle dar lo que siempre soñó. Así, poco a poco, el rey se fue convenciendo de que Escobedo era el principal instigador de los deseos de su hermano.

El día de San Ildefonso, vino Antonio a contarme su última entrevista con el rey.

–Ana, tengo noticias que hacen parar el corazón. Don Felipe nos necesita para hacer algo que sólo a grandes y fieles amigos y no súbditos sería capaz de pedir. Después de mucho pensarlo he decidido ayudarle dado el alto honor que ha tenido en pensar en mí para este trabajo.

Me estremecí.

Él siempre bromeaba antes de decirme algo importante. Sin embargo esta vez su mirada parecía pedir mi aprobación y colaboración antes de hablar.

–Ayer, después de despachar me pidió que lo acompañara hasta sus aposentos. Cuando nos encontramos solos, me dijo que una tradición ya antigua y prácticamente caída en desuso era que el Rey Católico tenía poder sobre la vida de sus súbditos y vasallos, y que con justa causa y sin ella podía quitársela a cualquiera.

Agregó que él no hacía ni había hecho durante todo su reinado uso de aquella ancestral costumbre, pero que ganas no le faltaban en ocasiones; y sobre todo cuando alguien con justa causa se lo merecía por andar atentando no sólo contra su real persona sino también contra su país.

No pronunció el nombre de Escobedo en ningún momento, pero sabía a quién se refería. Continuó diciendo que pruebas le sobraban para encarcelar a ese hombre; pero que sin duda si lo ordenaba daría más que hablar a sus partidarios e incluso quién sabe si conseguirían convertirle en mártir. Por lo que andaba dándole vueltas a la cabeza sin parar, pensando en cómo anularle, pero que maniatado se encontraba y que soñaba que el destino le ayudara borrándole de la faz de esta tierra, dado que a Dios no le era posible pedírselo.

Mientras escuchaba silenciosa lo que decía Antonio, un

montón de ideas se agolpaban en mi cabeza. Pero veía claro lo que quería el rey y que Antonio estaba dispuesto a complacerle, también.

A lo largo de mi vida había hecho cosas de las cuales no me sentía muy orgullosa, y el mayor de mis pecados sin lugar a dudas había sido mi amancebamiento con Antonio. Últimamente vivía y respiraba por él y para él y, minutos antes, si alguien me hubiese preguntado si haría cualquier cosa por Antonio le hubiera contestado sin duda afirmativamente.

Sin embargo ahora hablábamos de un pecado mortal, con toda seguridad el mayor que cometeríamos a lo largo de nuestras vidas, y dudo mucho que algún día llegara a encontrar una buena causa para justificármelo.

Antonio notó mi congoja e intentó tranquilizarme, sin olvidar el recurso de estimular mi vanidad: si cumplíamos el deseo real, pasaríamos a estar más cerca del rey que nunca.

–Necesito tiempo para pensarlo –le dije mientras subíamos a mi alcoba.

Aquella vez se quedó conmigo toda la noche, notando mi preocupación.

–No os inquietéis –dijo antes de dormirnos–. Yo me encargaré de todo. Lo único que os pido es que olvidéis lo que hemos hablado. Y si no lo lográis os ruego que lo guardéis en secreto. Nunca nadie deberá saber nada de ello.

Me dio la impresión de que no era la primera vez que Antonio decidía quitar la vida a alguien, y recuerdo que pensé que, si tan a la ligera se tomaban aquellas decisiones en los asuntos políticos, seguro que se hacía mucho más a menudo de lo que los que ajenos a ella nos encontrábamos pudiéramos pensar.

En una ocasión vuestro padre me dijo que gobernar no era tan bueno como todos pensaban, pues así como a veces se toman decisiones importantes que hacen bien a España y son gratas de ejecutar, hay otras sucias y oscuras que a la luz no salen, pues a nadie, ni siquiera a los que las ordenan, les gustan; pero son necesarias para evitar males mayores, y sin duda ante la que yo me encontraba era una de ellas.

Aquello me hizo pensar, y decidí apartarme para siempre del asunto. Lo que no sabía es que ya era tarde, y que sin querer estaba metida hasta el cuello en un fango del cual nunca más podría salir.

14

Maldito secreto

Aquellos gritos parecían provenir de muy cerca.

Abrí los ojos y vi a Antonio vistiéndose rápidamente. El sol me cegó, y cuando tuve consciencia de que el ruido provenía de la puerta de casa salté de la cama y me dirigí hacia la ventana.

Al asomarme vi a Escobedo forcejeando con los porteros para entrar. En ese mismo momento y sin llamar entró mi doncella.

–Doña Ana, abajo se encuentra el secretario de don Juan. No hemos podido impedirle la entrada. Dice que hay un asunto de vida o muerte del que debe informaros.

–Hazlo entrar al salón pequeño. Pero antes acompaña a don Antonio hasta la puerta trasera de casa. Vamos, rápido, no te quedes ahí.

–Es que el secretario ha visto en el patio al escudero de don Antonio poniendo la montura a los caballos... y exige hablar también con él.

Decidimos bajar los dos juntos a ver a aquel desdichado,

que no se sabía muy bien cómo tenía la osadía de entrar en mi casa de aquel modo. Sólo me eché una bata por encima, pues bien se merecía verme casi en paños menores para darse cuenta de su falta absoluta de cortesía.

Al entrar los dos en la estancia permaneció sentado. Se agarraba una mano con la otra como si tratara de contenerse. Me puse a su lado de un modo natural, intentando aparentar que la situación en que nos encontrábamos era normal.

–Desde que regresó a España, vuestra merced parece haber olvidado en absoluto nuestros usos y costumbres –dije–. Parecía desde mi ventana que para echaros sería necesaria la misma violencia que demostrabais con mis sirvientes, pero he decidido no pagaros con la misma moneda y mostraros un poco de educación bajando a recibiros. A pesar de ello, quiero que sepáis que me habéis perturbado y no puedo dedicaros más que este instante para que me digáis a qué se debe vuestra inesperada visita y salgáis lo más rápido posible de aquí para no regresar jamás.

Mi cabeza se centraba en mostrar una apariencia tranquila y sin el más leve viso de preocupación, recordando que cuando alguien está a punto de saltar, lo mejor es sonreír para proporcionarle inquietud y desconcierto.

Antonio permanecía callado, perfectamente vestido y perfumado, de pie junto a la chimenea.

Escobedo se levantó tan rojo de ira que parecía que las venas de sus sienes iban a estallar.

–Señora, quise advertíroslo a mi llegada, pero no me escuchasteis –empezó a gritar–. Ahora me han confirmado que si el rey no me oye es por este bellaco que acogéis, no sólo en vuestra casa sino también en vuestro lecho. Pero habéis de saber que gracias a él, esta dramática historia en la que estáis involucrada hasta las cejas ¡llegará a oídos de su majestad sin demora!

Y después de dar un empellón a una silla salió de la estancia cerrando la puerta sonoramente.

Antonio siguió de pie junto a la chimenea hasta que se oyó alejarse el ruido de los caballos de Escobedo.

Luego se acercó y me abrazó.

–Ana, creo que no podremos vernos hasta mañana –dijo–. Tengo un sinfín de cosas que hacer antes de que termine el día.

Cuando se marchó me quedé mirando al fuego pensativa. La noche anterior había tomado la firme resolución de mantenerme ajena a ese negocio y aunque ahora me hubiera gustado saber qué pensaba Antonio al respecto, la curiosidad resultaba menor que el miedo.

Pocos días pasaron hasta que tuve noticias. Supe que esa mañana se colgaría en la plaza de la Cebada a una esclava morisca de Escobedo, acusada de intentar envenenarle, y que éste andaba en cama con fuertes dolores de estómago, acompañados de diarreas y vómitos.

Cuando Antonio llegó aquella noche, no pude contenerme y le pregunté si sabía algo más sobre ello. No me contestó y sólo me entregó una carta de mano del rey que decía que convendría matar de una vez al verdinegro –que así era como apodaban a Escobedo– antes de que hiciera algo que luego no se pudiera enmendar.

Eran nada más que cuatro líneas, pero lo que Antonio ya me había dicho quería demostrármelo fehacientemente contándomelo con todo lujo de detalles.

–Por desgracia, han fallado, y no una vez sino tres. Tuvieron que destilar hierbas venenosas para que el paladar del verdinegro no las notase, mas parece que su estómago está hecho de hierro. E incluso esta vez parece que se salva. De todos modos, la mora no ha sido la envenenadora, sino «el Pícaro», su cocinero. Le ponía todos los días unas cucharaditas de polvos de soliman en la olla que preparaba la morisca, aprovechando su descuido.

Antonio parecía disfrutar con toda aquella premeditación tan estudiada. Aunque yo le escuchaba, en realidad no podía dejar de pensar en la carta del rey que había dado el placet a todos esos preparativos.

–Pero la próxima vez no fallaremos. Mi mayordomo ya habló con los hombres indicados. Esta misma mañana han llegado cargados con un arsenal. Al parecer cuentan con una especial ballesta que es capaz de traspasar un cuerpo humano como si de fina gasa se tratara.

Te confieso, Ana, que esa vez probé una sensación de alivio cuando se marchó más pronto de lo acostumbrado, ya que esa misma tarde debía partir a Alcalá de Henares donde le esperaban sus hijos para pasar juntos la Semana Santa.

Estaba anocheciendo y el cielo se había teñido de anaranjado. Aunque nos encontrábamos a finales de marzo, el frío seguía arreciando y aquellos días resultaban más propicios para el recogimiento que para largos paseos. Casi todos se habían ido fuera de Madrid y la villa desierta no era la misma. Yo miraba, aburrida, desde una de las ventanas de la casa, aquel cielo encendido entre los tejados que nos rodeaban, cuando pude percibir el tronar de unos cascos al principio de la calle.

Al acercarme aún más al cristal pude ver a Escobedo con cuatro de su cortejo personal. Pasó altivo por delante de casa sin ni siquiera girar o alzar la vista. Estaba segura de que se dirigía a casa de su amante, a la cual iba a visitar casi todos los días antes de retirarse con su familia.

El andar de los caballos ya casi no se oía. Estaba a punto de retirarme de la ventana, cuando me pareció ver una sombra que se deslizaba pegada al muro de enfrente. Como no podía ver bien la calle ya oscura, apagué los candelabros que me rodeaban.

Fue entonces cuando pude contar seis figuras avanzando en extraño grupo. Cuando apagué las luces, uno de ellos miró hacia mi ventana, pero gracias a Dios no me vio y prosiguió su camino.

Aquella comitiva desapareció al igual que lo había hecho Escobedo antes. Llamé entonces al candelero para que encendiera las velas sin separarme de la ventana.

Antonio me había dejado claro, o así lo interpreté yo, que el final de Escobedo no se daría hasta su regreso, y sin embargo aquellos hombres resultaban ser demasiados si el propósito era sólo vigilarlo.

Media hora después estaba intentando concentrar mi atención en un libro sin conseguirlo. Aquellas ideas seguían revoloteando por mi mente, y la misma pregunta me asaltaba sin descanso. ¿Sería Antonio capaz de haberlo organizado todo preparándose a sí mismo una coartada muy difícil de desmontar?

En ese momento el ruido de los cascos comenzó a oírse de nuevo. Escobedo regresaba a su casa. La visita a su amante había sido sin duda fugaz. Me acerqué de nuevo a la ventana y aguardé a ver a los malhechores en su pos, con la esperanza de que todo aquello que había pensado antes no fuera sino imaginación.

Aquellos turbios personajes aparecieron inmediatamente.

Andaban encorvados y embozados en sus capas y ninguno de ellos mostraba sus manos, por lo que deduje que algo tenían guardado. En el momento en que desaparecieron, mi corazón latía apresuradamente y no sé por qué, sin que nada hubiera sucedido aún, el cargo de conciencia me embargó. Fue sólo entonces cuando me di cuenta de la importancia de lo que iba a ocurrir.

Llamé a mi dueña y le ordené que me trajera mi capa y cogiera ella la suya, pero que no avisara a nadie, pues habíamos de salir en secreto. De repente, me vi obligada a intentar cambiar el futuro, advirtiendo a Juan de Escobedo de su destino. Por muy estúpido que fuese su delito no se merecía castigo de tal magnitud.

Mientras salíamos, por mi cabeza pasaban un sinfín de explicaciones que inmediatamente desechaba, pero al mismo tiempo aceleraba el paso cada vez más, llegando casi a correr. Doña María, ya anciana, en un momento dado solicitó que la esperara. Cuando estaba desandando mis pasos para asirla de la mano y conducirla conmigo, oímos que alguien se acercaba.

Nos escondimos en un soportal y esperamos.

Las nubes que ocultaban la luna sólo un momento antes desaparecieron y la sombra de dos hombres se reflejó en la calzada. Fue sólo un segundo de claridad pero lo justo para vislumbrar una espada que uno de ellos llevaba empuñada.

Bajábamos por la callejuela de Nuestra Señora de la Almudena cuando de repente el silencio se perturbó con un grito que hizo que nos escondiéramos de nuevo, esta vez tras un carro que allí se encontraba.

Al asomarnos vimos un cuerpo hecho un ovillo en el suelo.

Unos hombres lo cogieron y al levantarlo pude ver su cara contraída por el dolor.

Había llegado tarde, pero el verdinegro era muy fuerte y si ya había conseguido vencer a la muerte en tres ocasiones no había razón para pensar que esta vez no lo consiguiera de nuevo. De todos modos, el charco oscuro que quedó en el lugar, probaba que la estocada había sido sin duda casi perfecta.

No quise esperar más. Decidí que debía regresar de inmediato a mi casa.

Nada más cerrar el portón trasero, doña María, que hasta ese momento no había pronunciado palabra y estaba temblando de miedo, sólo tuvo fuerzas para preguntarme que de quién se trataba. No necesité contestarle pues tras la puerta oímos el griterío de la gente anunciando por las calles que Escobedo había sido asesinado.

Subimos las escaleras corriendo y ordené a mi acompañante discreción, y que se despojara de su abrigo y viniese a mi aposento con la mayor naturalidad del mundo, olvidando desde ese mismo momento lo que sus ojos habían visto.

Intentaba aparentar frialdad ante ella, y de hecho pensaba que mi actuación estaba siendo bastante buena, hasta que oí a los alguaciles entrar en el patio. Mis manos no dejaban de temblar, pero tenía que abrir. Respiré profundamente un par de veces y di la orden de entrada al tiempo que me concentraba en no taconear más con los pies.

Acompañado de un sirviente entró uno de los alguaciles.

–Señora, siento molestarla, pero es asunto importante que no puede permitirse demora alguna.

Su cohibición ante mi presencia me indicó claramente que a pedir un favor venía y no a detenerme como era mi temor. Aquello me tranquilizó.

–Contadme de qué se trata –dije, fingiendo prestarle mucha atención.

–Esta noche, hace apenas una hora, ha sido asesinado como un perro en la calle una de las personas más importantes que habitan en esta villa, y andamos en pos de los delincuentes, que se han esfumado como el humo. Sospechamos que se han escondido en alguna de las casas cercanas al brutal evento.

La sorpresa era mi mayor baza en ese momento.

–Espero que no penséis que en esta casa hay lugar para ese tipo de personas. Pero decidme, ¿sabéis quién ha sido el muerto?

–Seis hombres asaltaron por sorpresa a don Juan de Escobedo, secretario de don Juan de Austria. Sin darle tiempo ni siquiera para desmontar, le atravesaron el cuerpo de parte a parte.

Me senté y mostré abatimiento. Después de una breve pausa, levanté la cabeza.

–Haced lo que debáis. Si alguno de esos mequetrefes ha osado esconderse en mi casa, cazadle rápido.

–Gracias, señora, no dudéis que así lo haremos.

Cuando terminaron de poner patas arriba mi casa continuaron con todas las colindantes. Los gritos y carreras nocturnas se oían por las callejas. A todos los desdichados que nada sabían de aquello, pero que tenían pinta dudosa o eran desconocidos, los detuvieron para llevarlos al calabozo, donde supongo que pasaron la peor noche de su vida hasta que consiguieron convencer de su inocencia a aquellos alguaciles cansados y deseosos de apresar a los responsables.

Al día siguiente tendría que seguir la farsa visitando a la familia de Escobedo y mostrando un hondo pesar. Echaba de menos a alguien con quien comentar todas aquellas experiencias y claro estaba que era Antonio la única persona que las podía oír de mis labios. Pero ¿dónde estaba? En Alcalá, sin duda, con su inmejorable coartada.

Por la noche supe que el rey, al enterarse de la noticia, mostró un leve pesar cargado de frialdad. Comentó que no le agradaba en absoluto comunicarle la noticia a su hermano, el cual sin duda se lo tomaría como una grave ofensa a su persona. Pero al final acabó dando gracias a Dios de que aquello ocurriera en Semana Santa, porque aunque Escobedo no hubiera tenido tiempo para confesarse, la importancia religiosa de la fecha facilitaría la salvación de su alma.

Antonio no vino a verme hasta dos días después. Con el ajetreo que se vivía en la villa durante esos días se había visto obligado a realizar algunas visitas de gran importancia antes que la mía.

Al entrar me mostré ligeramente enfadada, pero como siempre su maestría en dominar voluntades no me dio tiempo ni a reprenderle en lo más mínimo.

–Si falté de vuestro lado en estos momentos y no os advertí de lo que pasaría, fue simplemente para manteneros alejada de la preocupación.

La sinceridad de sus palabras me sobrecogió y corrí a abrazarle, fuerte, como si no quisiera perderle.

–Estoy segura de que no sabéis lo mucho que os he echado de menos, y he llegado incluso a odiaros por encontraros ausente de mi lado estos días que se han convertido en siglos. Aquella noche vi como vuestros hombres seguían de cerca a Escobedo. Y lo mismo pudo ver cualquiera de los vecinos de esta calle.

–No os preocupéis más por eso y olvidadlo, porque os puedo asegurar que a ninguno de ellos cazarán. Están a buen recaudo y muy lejos de aquí. Aunque alguno cayera en manos de los alguaciles, nunca podrían decir mi nombre.

Aquello me tranquilizó. Dudaba que pudieran haber salido de la ciudad sin dificultad, pues desde aquella noche la vigilancia era extremada para todo el que salía o entraba. Pero si Antonio lo decía, había de ser verdad.

–De todos modos, buscarán un culpable y no cesarán hasta encontrarlo. Ayer, su viuda, acompañada de sus hijos, pidió audiencia al monarca, y según dicen, la justicia que solicitaron dijo el rey que la obtendrían.

Me abrazó de nuevo y me besó; luego concluyó:

–El proceso y las pesquisas serán sin duda largos. Si no conseguimos olvidarnos de todo esto, se convertirá en una agonía. Pero no debe haber lugar para el temor... «Él» está con nosotros.

Como veis, Ana, era muy bueno para infundir coraje, y sabía tocar todas las cuerdas para dar seguridad.

Mas por mucho que una quisiera eludir el tema siempre aparecía en todas partes, por lo que decidí salir poco de casa y solamente recibir a mis amigos más fieles en ella.

Una angustia tremenda me invadía, sobre todo en medio de la noche. Aquella cara contraída, ensangrentada y muda por el dolor me asaltaba en forma de pesadilla en plena oscuridad. Lo que más me asustaba eran esos ojos fijos y amenazadores, que parecían no querer desprenderse de mi persona cuando me despertaba entre sudores.

La única manera de alejar a aquel fantasma de mi aposento era levantarme a rezar frente al pequeño altar que al fondo de mi habitación había. Sólo cuando llevaba más de media hora de rodillas ante la imagen de Nuestro Señor, Él me ayudaba a conciliar de nuevo el sueño.

15

Embrollo entre secretarios

Doña María andaba muy alterada desde aquella nefasta noche. Era la única persona de mi servidumbre en la cual podía confiar plenamente, y su discreción estaba asegurada.

Aunque fuera ya anciana, conservaba esa vitalidad que parecen tener muchas mujeres mayores del campo. Según ellas, no pueden permitirse el lujo de anquilosarse en su vejez y siguen trabajando hasta prácticamente el día en que mueren.

En cambio, yo apenas me movía de casa. Las pocas veces que lo tuve que hacer pude intuir entre las señoras de la corte una frialdad, un distanciamiento y una desconfianza que nada tenían que ver con los celos o la envidia de antaño.

Aquella actitud no me hubiera importado en otro momento; mas después de todo lo sucedido quería saber qué era lo que se cotilleaba a mis espaldas. Sentía sus miradas inquisidoras pero sabía que no conseguiría la información deseada si no era por medios indirectos.

Mi dueña era, pues, mi único recurso. Cuando le propuse

que saliera más de casa y que fuera al mercado para coincidir con el resto de las doncellas de la corte se rebeló.

–La funesta noche recibí de vuestra señoría orden de olvidar. Bien es cierto que me costó, pero lo conseguí –dijo–. ¿Y ahora quiere vuecencia que desolvide? Ello no me es posible.

–¡Bien es cierto que no recuerdo haberte ordenado que te volvieras sorda! De modo que, sin rechistar, tendrás que cumplir esta misión –le ordené.

Tendría que dirigirla, estaba claro, y de un modo muy preciso. Era necesario orientar todos nuestros sentidos a una persona determinada.

Se trataba de Vázquez, el otro secretario del rey.

Mateo Vázquez tenía fama de hombre discreto, fiel a su majestad, trabajador incansable, modesto, y sobre todo, lo que más le diferenciaba de Antonio, nada ambicioso. La verdad es que aquella forma de ser era la que más le convenía, pues todos sabíamos que tenía una procedencia dudosa.

Hacía ya varios días que Antonio me había mostrado la copia de una carta que Vázquez le había mandado al rey. En ella alertaba sin ningún reparo a su majestad contra Antonio, acusándole en primer lugar de principal sospechoso en el asesinato y de beneficiarse económicamente de su puesto aceptando sobornos.

–Comprendéis, por tanto, que debemos saber lo que se rumorea en casa de don Mateo –le dije a doña María, que seguía mostrándose remisa a mi petición.

–¡Pero Don Mateo es clérigo, y como tal no tiene mujeres a su servicio, y si las tiene, yo no las conozco!

–Puede que tengáis razón. Pero tiene un mayordomo muy débil a los encantos de cualquier mozalbeta que a tiro se le ponga.

El aya hizo gesto de escandalizarse.

–No, perded cuidado. Vos ya habéis superado hace tiempo esa edad, pero entre el servicio debe de haber alguna bella fregona que no tenga reparos a este tipo de trabajo. Vuestra tarea consiste en encontrarla.

Aquella misma mañana, doña María se presentó con una andaluza que respondía bien al perfil. Después de darle un buen fregado, donarle un vestido nuevo y llenarle el saco, partió a la calle en busca de su presa.

Nos sorprendió bastante cuando esa misma tarde regresó con muchas más noticias de las que se esperaban de ella.

Nada más llegar, doña María la llamó y me avisó para que estuviera presente al contarnos aquella mujer lo que sabía; pero le dije que prefería seguir ajena a aquello y escuchar desde la sala contigua sin ser vista.

Fue así que supe que Mateo Vázquez alentaba al hijo de Escobedo a que iniciara una demanda para vengar la muerte de su padre. Y que algunos miembros del Consejo de Castilla se habían unido a esta empresa.

Cuando la muchacha desapareció, me surgieron ansias de saber por qué todos aquellos caballeros, a los que conocía bien, tomaban partido por algo que en realidad no les incumbía. ¿Sería por enemistad hacia Antonio, o en realidad es que el partido a favor de don Juan seguía existiendo aún después de desaparecer su organizador?

Entré en el aposento de doña María y le dije que había llegado su turno.

–Mañana mismo iréis al mercado y os encontraréis con todas las doncellas que sirven las casas de esos caballeros para sonsacarlas.

Esta vez no rechistó. Pero cuando regresó no quería hablar.

Estaba claro que le gustaba hacerme rabiar como a la niña que conoció. Mas ya no lo era, y aunque le tenía gran afecto y había de cuidarle ahora más que nunca para que mantuviese siempre la boca bien cerrada, me estaban entrando ganas de castigarla por su falta de respeto. Era una buena mujer, pero su testarudez me acabaría perdiendo. Tuve que morderme la lengua y sujetarme las manos, para cambiar el tono de voz y mostrar una ligera humildad.

–Por lo visto, los miembros del Consejo andan todo el día en casa de Vázquez –dijo al fin–. Además, esos señores tan católicos han hecho llamar a un gran astrólogo.

Parece que aquel brujo comenzó a sacar legajos, y mostrando lo que eran simplemente puntos pintados de diferentes colores, pero llamándolos a cada uno con un nombre de planeta o estrella, dijo con voz alta y solemne que el asesino de Escobedo había sido un antiguo amigo suyo, y que el móvil del asesinato no había sido otro que la ambición de una mujer.

Como bien podréis comprender, Ana, no eran noticias para permanecer tranquila. Casi no lograba contener mis nervios. Para colmo, doña María había pasado de una actitud taciturna a otra en la que veía en cada detalle una amenaza en ciernes.

La despedí dándole la orden de que callara de una vez.

Por fortuna, Antonio vino aquella noche. Una vez más supo tranquilizarme argumentando que los asesinos no conocían su nombre y que, al fin y al cabo, si había procedido así era por orden del rey.

–Aun así –le dije–, no cesarán hasta encontrar un culpable. Además, yo no me fiaría tanto del aprecio del rey, pues si todo sigue emponzoñándose, la primera cabeza que rodará será la tuya, y quién sabe si también la mía.

–Quédate tranquila –respondió él–, pues aunque su majestad intente volverme la espalda, yo tengo modo de presionarle para que no lo haga.

Días después recibí una visita insospechada. Era don Agustín Álvarez de Toledo, un miembro del Consejo, que en el pasado demostró sentir estima por vuestro padre. Su llegada no me extrañó en absoluto. Desgraciadamente estaba empezando a comprobar que en la vida no hay que fiarse de nadie. Ni siquiera de los amigos de siempre, puesto que las puñaladas que más duelen son precisamente las que de ellos provienen.

Por lo visto, el cobarde de Vázquez se había enterado de que Antonio estaba perfectamente informado de todas sus tribulaciones y, con razón, le temía.

Al no ser lo suficiente hombre para aclararlo él solo, había recurrido a don Agustín para que, hablando conmigo, consiguiera convencer a Pérez de limar las asperezas entre los secretarios.

No fue el único que intentó que las relaciones entre ambos se apaciguaran, pues días después apareció el embajador del emperador, siempre con sus buenos modales y su simpatía.

Y así pasaron los días, confiando Antonio y yo que todo estaba a punto de culminar, y en que sin ninguna duda el rey había llamado la atención a Vázquez por su comportamiento.

Casi hacía un año que había muerto Escobedo y todo parecía volver a su cauce.

Pero la realidad era que a Vázquez se le unían cada día más y más cortesanos de alta estofa. Aparte de todos los emisarios que habíamos recibido, el presidente del consejo de Castilla ya era incondicional suyo, junto al confesor del rey.

Se repetía la historia de siempre.

Los dirigentes de ambos lados suponían guiar la voluntad del rey, mientras éste, siendo plenamente consciente de las intrigas de su corte, escuchaba las alegaciones de unos y otros sin desanimarles ni fomentarles su actuación; pero, eso sí, informándose de todo pertinentemente.

Sólo había una cosa que diferenciaba este asunto de los anteriores, y consistía en que en este caso su majestad era cómplice de una de las partes: si manteníamos el secreto prudentemente nunca nos delataría, e incluso intercedería en nuestro favor.

De aquella cadena de enemigos, aunque no fuese el eslabón más grueso, el predicador del rey fue el más perjudicial. Sin pelos en la lengua ni atrofia en los dedos, no dudó en escribir o decir a todos sus conocidos que nunca había estado más escandalizado.

Todos los demás villanos que con él estaban aprovecharon para escribir al rey contándole los rumores.

¿Qué diablillo les había pinchado?

Todo el que no fuera contra Antonio parecía culpable de asesinato. Al mismo tiempo todos sus antiguos enemigos aprovechaban la ocasión para culparle. Además, ahora, después de tantos meses de esa muerte sin valor, tramaban unir el nombre del rey a la organización de todo el negocio.

¡Qué burdos eran!

No podían demostrar absolutamente nada.

Corría el frío mes de febrero y no sé por qué andaba contenta y deseando que finales de marzo llegara. Pensaba, como una niña pequeña, que si pasaba un año de la muerte de Escobedo sin que nada nos sucediera ya nadie podría hacernos daño.

Una mañana me llegó un recado procedente de la Casilla de los Pérez en el que se decía que la mujer de Antonio me esperaba a almorzar.

Aquello no me gustó demasiado, pues doña Juana era buena y parecía estar tan enamorada de Antonio como el primer día.

Si ella hubiese tenido algún amante o el matrimonio fuera como la mayoría, todo hubiese sido mas fácil. Pero era tan condescendiente con todo lo referente a su marido que demostraba carecer totalmente de orgullo. Por otro lado, mi relación con Antonio era ya sólida y no se podía dar marcha atrás, y menos ahora que nos necesitábamos como nunca el uno al otro.

Al llegar daba por hecho que se me había llamado a un almuerzo seguido de las ya conocidas partidas de naipes que organizaban una vez a la semana en su casa. Los caballeros se jugaban las pestañas, mientras nosotras, procurando no estorbarles más de lo preciso, hablábamos de los últimos acontecimientos.

Por eso me sorprendió encontrarme sola a doña Juana. Tentada estuve de deshacer mis pasos e inventarme cualquier excusa para huir, pero aquella mujer se mostró agradable y acogedora conmigo, y recapacitando pensé que también había de estar pasándolo mal. Todos los desaires y desplantes de grandes señoras en la corte, que no osaban hacérmelos a mí, caían sobre ella. Empezando por la viuda de Escobedo cuando acudió a darle el pésame.

Lo cierto era que ella ignoraba absolutamente lo ocurrido y que en su ingenua cabeza no cabía la posibilidad de que el padre de sus hijos, a quien amaba en esta tierra más que a ninguna otra cosa, hubiera hecho aquello de lo que se le acusaba.

Nos sentamos a la mesa.

Sus hijos andaban fuera.

La situación, que podría ser tensa en un primer momento, ella supo cómo apaciguarla. Estaba claro que algo importante me quería decir y no tardó mucho en abordarme.

–Siempre he querido hablaros y creo sinceramente que ha llegado el momento. Lo podría haber conseguido urdiendo algún encuentro fortuito, pero no sirvo para organizar este tipo de situaciones y por eso he preferido no andar con tapujos.

Su voz era pausada y sus ojos emanaban bondad. Pero he de reconocer que ni siquiera aquello hizo surgir de mi interior el más leve cargo de conciencia.

Por otro lado, estaba claro que si deseaba hablar conmigo se había sentido forzada a prepararme aquella ingenua encerrona. Era muy cierto que nos veíamos a menudo, pero siempre entre muchos cortesanos, y tanto ella como yo intentábamos eludirnos y andar en muy diferentes grupos.

Además, ella se solía unir a las más mojigatas de la corte, las menos adecuadas para hacer amistades.

–Doña Juana, convencida venía a otra partida –le dije sonriente–. Pero si deseáis hablar conmigo, sinceraos, porque yo lo haré de la misma manera.

Estaba dispuesta a reconocer mi relación con Antonio. Me sentía cansada de andar siempre a escondidas y dado que aquella mujer quería saber la verdad, se la contaría. Mas no era tarea fácil, por lo que decidí aguardar a que ella sacara el tema. Mientras, la dejaría hablar.

–En principio, quiero que sepáis que toda mi vida os he estado agradecida por haber convencido a Antonio de acceder a desposarse conmigo y a Ruy por habernos tratado como hijos propios.

La escuchaba aburrida, no podía creer que me hubiera llamado para hablar de semejantes y tan antiguas banalidades. ¿Sería posible que fuera tan tonta de no saber lo nuestro?

A lo peor, pensé, era más lista de lo que fingía y lo que pretendía era hacerme saber que ella nunca abandonaría a Antonio. Algunas señoras ingresaban en conventos largas temporadas para disimular lo imposible. Ella podría muy bien caber en este grupo.

–Yo en el negocio de vuestro desposorio no tuve nada que ver –intervine–. Simplemente había que casar a Antonio con rapidez para conseguir afianzarle en su puesto. Vuestra merced reunía las condiciones propicias para él.

Supongo que le hube de resultar antipática, pero todas mis fuerzas se dirigían a averiguar lo que realmente quería.

Con el tono apaciguador de siempre, pero en este caso acompañado de una solemnidad que nada tenía que ver con su manera de ser, dijo:

–Ya de recién casada, y cuando no habíais enviudado todavía, en muchas ocasiones vi cómo Antonio os observaba. Su deseo para con vuestra merced lo hubiese querido para mí, pero el corazón humano es difícil de dirigir y sé que el suyo nunca ha sido plenamente mío como me hubiese gustado. Era lógico, en parte, pues vos tenéis la belleza y honorabilidad que a mí me faltaba.

»El que yaciera a vuestro lado era cosa asumida, siempre que os comportarais discretamente y mostrarais un cierto respeto hacia mi persona y la de mis hijos.

Os aseguro, Ana, que aquello era peor que cualquier amonestación que nadie me hubiera hecho nunca, porque tal como lo decía no me dejaba hueco para el enfado o el salir de allí dignamente, que era lo que yo deseaba en ese momento.

Sin embargo, decidí escucharla hasta el final.

–Nunca pensé en decíroslo, pero sabéis mejor que yo que de un año a esta parte vamos todos de boca en boca. Sabéis también que en palacio los caballeros andan acusando a Antonio, no sólo de asesinato, sino también de infidelidad y deslealtad hacia su majestad.

»Por todo ello os pido que le ayudéis. Aunque soy consciente de que estáis también profundamente involucrada en este molesto asunto, sé que tenéis influencia y medios para intentar cerrar esta brecha. A todos nos beneficiaría, pues cada día recibo mil pesadumbres que cansarían a una piedra, y no sé a quién más recurrir.

16

La indecisión real
(1579-1580)

Mi doncella cepillaba enérgicamente mis cabellos. Me estaba contando que un viajero que llegó hasta África había traído un ungüento de color oscuro que al ponérselo uno en las canas éstas desaparecían milagrosamente, cuando me entregaron un anónimo.

> «Señora, habéis de saber que no podréis eludir a la justicia como parece que pretendéis, tanto vuestra merced como vuestro amante. La justicia se hará tarde o temprano, y si no es por los tribunales será por medios más contundentes y seguros. La única escapatoria que tendríais sería tomar el hábito, pero ni él podría por tener sangre judía y ser hijo de clérigo, ni vos por puta dirigente de voluntades.»

Por la noche, después de contarle a Antonio que lo había quemado inmediatamente después de leerlo, me reprendió por haber eliminado una prueba que habría podido sernos útil, y me dijo que esa misma mañana se había quejado ante el rey de las ofensas y acusaciones que Vázquez le hacía.

En los días siguientes pudimos ver que aquel comentario no había causado buen efecto porque su majestad, malhumorado por un ataque de gota que le estaba pudriendo por dentro, ordenó que se frenara a Antonio sin darle lugar al desacato o al atrevimiento a que estaba acostumbrado, e hizo que se le advirtiese que si no se enmendaba y seguían los enfrentamientos entre los dos secretarios, dejaría proveer lo que convendría.

Tu hermano, que meses antes había entrado al servicio de Felipe como menino, me dijo que en los últimos días había habido gran revuelo en palacio, y que el rey andaba de muy mal humor, después de haber recibido todos los documentos de su hermano, muerto poco antes. Se comentaba que el rey se había leído con detenimiento todos los papeles que describían los movimientos de don Juan al final de su vida. Al parecer, buscando prueba de la conspiración que le determinó a ordenar la muerte de Escobedo.

La conciencia evidentemente le remordía.

De repente y sin que se supiera el porqué, ordenó llamar a Granvela, aquel cardenal que años antes le había defraudado y estaba ya olvidado de todos en su destierro italiano.

La excusa era que los médicos le habían recomendado buscar a alguien con autoridad para llevar sus negocios. Razón absurda, pues se encontraba rodeado de hombres duros e inclementes.

Nuestros temores comenzaron de nuevo.

Antonio ofreció someterse a un juicio voluntariamente, siempre y cuando se me dejara a un lado por mi sexo y condición. Cuando me lo dijo me invadió el temor, pero según él no podían probar nada porque todos los asesinos contratados andaban ya lejos de estas tierras y no tenían testigos.

El rey, por miedo a que se airearan más cosas de las indispensables y que las investigaciones abiertas le salpicasen, le dijo que se limitara a hacer un expuesto contra Vázquez al presidente del Consejo de Castilla.

Entonces, Antonio pensó que sería bueno alejarse, y lo intentó pidiendo un puesto que en el Consejo de Italia había quedado vacante. Pero don Felipe no se lo permitió.

¿Qué podía intimidar tanto al rey como para que no le permitiera marchar?

Un día llegué a solicitarle por escrito que dejase huir a Antonio, pero no quiso leer mi carta, porque, según dijo, bastante le ofendía con mis obras como para que me permitiera hacerlo también con palabras.

Antonio decidió partir discretamente hacia Aragón, tierra donde se le apreciaba.

Parecía que todo iba a ir bien cuando alguien se lo contó al rey. La respuesta de su majestad fue inmediata: ordenaba que se hablara con el cardenal de Toledo y conmigo para intentar disuadir a Antonio de su partida. Para el rey, como para todo el mundo, yo era la levadura de todos los planes de Antonio, y sin duda la mejor para convencerle.

Al venir el cardenal de Toledo a pedirme aquel favor sentí nuevamente aquella grata sensación de ser necesaria a la corona. Según el cardenal, el rey se derrumbaba sólo de pensar que Antonio no estaría a su lado para cotejar y capitular todos sus asuntos.

–Y decidle a don Antonio que pierda cuidado, pues seguro es que lo que dice don Felipe lo dice de corazón –recuerdo que me comentó el purpurado.

Nuevamente, la esperanza parecía abrirse ante mis ojos. El rey no quería dejar partir a Antonio, no por cargarle el muerto, sino porque verdaderamente se encontraba desvalido sin su persona y lo necesitaba a su servicio.

Tardé casi un mes en convencerlo de que no temiese una mala jugada del rey. Los papeles se habían invertido. Ahora era yo la que calmaba los ánimos. Por otro lado, y en interés propio, yo quería que no se marchara, pues cada vez que pensaba que iba a perderle una tristeza infinita me invadía.

Los dos juntos escribimos la respuesta del rey:

> «Estoy cansado de traer cansado a su majestad. He pensado y tomado la resolución de no hacerlo más, sino dejarlo todo a su real voluntad. Su majestad haga de mí libremente como del criado que libremente le serviría, para la restauración de mi honra y estimación.»

Sin ninguna duda, lo que más debió de valorar de esta carta fue la humildad, pues bien sabía don Felipe que no era una de las características más apreciables del carácter de Antonio.

El rey recibió la noticia con gran contento. Todo parecía que se había resuelto aunque la inminente llegada de Granvela no dejaba de molestarnos.

Fue entonces cuando uno de mis parientes me interpuso pleito reclamándome parte de nuestros Estados, por ser, según él, un derecho exclusivo de varón y no poder legalmente hallarse en mis manos.

Como veía que aquel negocio podía torcerse, decidí acudir al rey, segura de que daría recompensa a mis servicios.

Aquella petición no debió de agradarle, y me mandó a su confesor para reprenderme:

–¡No se le escribe al rey con tanta ligereza! –recuerdo que casi me gritó el fraile–. Además, en un asunto que no era de la incumbencia, habéis llamado «desvergonzado y perro moro» a uno de sus secretarios. ¿Os dais cuenta de que esos insultos salpican a su majestad?

El frailecillo aquel empezaba a enfadarme.

Parecía haber hecho suya la misiva. De todos modos, en consideración a quien lo enviaba, traté de controlarme, y con el más calmado de los tonos que me era posible, le dije que parecía no entender que esos insultos no eran nada comparados a las acusaciones que el mequetrefe de Vázquez hacía contra nosotros a viva voz y sin reparo.

La cara del fraile se tornó roja de inmediato y me lanzó:

–Pues si tenéis fundamento, ¿qué esperáis para declararlo ante el rey?

Aquello era demasiado. Poniéndome de pie y decidida a dejar la sala le contesté:

–Porque no lo estimo necesario. El rey sabe tan bien la verdad que no debe pedir testimonio más que a sí mismo.

Nada más decir aquello me arrepentí. Acababa de acusar al rey, y lo peor, ante uno de los suyos. En menos de dos horas su majestad estaría al tanto de mi imprudencia.

¡Cuánta razón había tenido Antonio al decirme que vería cómo el cielo se turbaba! Pero esta vez no eran simples nubes, sino una gran tormenta la que parecía cernirse sobre nuestras cabezas. Sabíamos bien que Vázquez escribía al rey a diario en contra de nosotros, por lo que Antonio decidió comenzar a hacerlo de nuevo rompiendo su promesa. Yo le animé, aduciendo que la voluntad de las personas puede incluso torcerse si sólo a una parte se escucha. Poco después, Antonio recibió un anónimo amenazándole. En él reconoció la escritura de Vázquez, que sin duda había sido el autor del mío pocos meses antes.

Las escoltas se reforzaron y algo debió de hacer Antonio por su parte, porque Vázquez también iba muy protegido. De todos modos, era extraño que el rey siguiera en sus trece, queriendo calmarnos con sus cartas, y que lo mismo hiciera con Vázquez. Todo ello nos confundía y enfadaba de tal modo que a punto estábamos de estallar.

Un día el cardenal de Toledo acudió a verme y me comentó que por la cabeza del rey pasaba la idea de alejar a Antonio de la corte enviándole como embajador a Venecia, lugar que sin ninguna duda recordaría con cariño de su época estudiantil. En cuanto a mí, podía permanecer en Madrid siempre y cuando limara mis asperezas con Vázquez.

La verdad es que ya no sabía qué pensar. Cuando Antonio había intentado alejarse el rey no se lo permitió, y tan sólo en unos meses su voluntad se tornaba contraria y mostraba un gran deseo por perderle de vista. ¿Por qué tanta contradicción? Hoy piensa una cosa y mañana la contraria. Mis temores despertaron de nuevo, pero lo que estaba claro es que nunca en mi vida consentiría el tratar con Vázquez, aquel ser inmundo que había conseguido malograr tanto nuestro honor.

Tanta vacilación real lo único que consiguió fue un fuerte enfrentamiento entre todos los cortesanos de Madrid. Había logrado que la mitad de la corte estuviese con nosotros, mientras la otra mitad apoyaba al bellaco, pues nadie andaba indeciso sobre qué posición tomar.

Finalmente, el día de Santa Ana el cardenal Granvela llegó a Madrid de su exilio romano.

Aunque no hubiese sido yo la artífice de su destitución, sabía bien que Ruy había tenido gran parte de responsabilidad en aquella decisión. En un principio, sin considerar el rencor, estábamos confiados, suponiendo que su misión tenía que ser la de cubrir la vacante que tarde o temprano dejaría Vázquez.

Al enterarme de lo de Venecia, empecé a pensar que cabía la posibilidad de que fuera Antonio el destituido.

La misma noche de la llegada de Granvela, Antonio vino a casa. Aquellas fáciles y acostumbradas visitas hacía ya meses que se habían convertido en menos asiduas. Pero aquel día en mi aposento quedaría en mi memoria para siempre y el recordarlo me proporcionaría, más adelante, el consuelo que tanto necesité.

Llegó embozado en su capa. Lejos y olvidados estaban ya los días en que nos veíamos discretamente pero sin miedos.

–En el Alcázar sólo se me consultan y pasan documentos de los asuntos de menor entidad y ya hace días que el rey no me llama a su presencia a solas –dijo, después de besarme apresuradamente.

–Ya sabéis lo cambiante que puede llegar a ser. De todos modos no creo que vaya a tomar grandes represalias contra nosotros, no porque nos aprecie, pues a estas alturas pienso que sólo ha sido capaz de amar a Isabel, y a veces hasta lo dudo, pero sí por miedo miserable a las consecuencias.

–No estés tan segura de ello.

No lo estaba. Es más, en ese momento pensé que a él le impondrían el destierro y que si ello sucedía, acostumbrada como estaba a su presencia, quién sabe si mi corazón iba a resistirlo. Por lo que acercándome, me aferré a su pecho con tanta fuerza que el abrazo me dejó casi sin respiración, y las lágrimas empezaron a correr por mis mejillas. Entonces, separándose lo justo, siempre en silencio, me tomó de la barbilla y me miró con ternura. Luego enlazó con un brazo mi cintura y me condujo hasta el lecho.

Cuando desperté ya no estaba a mi lado. Quizá fue mejor así, porque os confieso que no me hubiesen faltado fuerzas para encadenarlo allí mismo.

17

Tenebrosos lugares

Corría el día de Santa Marta y mi impaciencia porque anocheciera se acrecentaba a cada hora. Andaba nerviosa y no podía quedarme a solas ni medio minuto. La melancolía quería hacer presa en mí y me persiguió durante todo el día. Al atardecer se me empañaban los ojos, a la hora de la cena con vosotros me reía a carcajadas. Aquellos cambios de ánimo se debían, sin duda alguna, a la luna.

Había tardado en aparecer, pero allí estaba ahora, inmensa y redonda, suspendida en el cielo, observándolo todo, infundiéndome valor y ánimo. Prefería mirarla y no estar pendiente de la calle, pues ya eran las diez y media y Antonio se retrasaba.

Seguro que todo iba bien. Sin duda nuestros temores en sólo unos minutos nos parecerían absurdos. Ahora me sentía segura de mí misma y así se lo demostraría a mi amigo, dejando a un lado los lloros que tan bien se le daban a su mujer.

Miré el reloj que sobre la chimenea había, y aquel optimismo en el cual estaba inmersa empezó a derrumbarse. Si el rey le hubiese tenido despachando hasta tan intempestiva hora, ya me hubiese mandado recado, como siempre hacía, y sin embargo nadie había llamado al portón.

Mandé a buscar a doña María y le ordené que me acompañara. Cuando vio que nos dirigíamos hacia la puerta trasera, me rogó que la esperase, pues necesitaba algo de abrigo por el relente.

Sin duda aquella mujer estaba envejeciendo. ¡Abrigo a finales de julio! Yo andaba entre sudores y ella pretendía echarse más ropa encima. La cogí de la mano y tiré de ella escaleras abajo tan fuerte que casi rodamos las dos.

Al salir a la calleja a punto estuve de dejarla y marcharme sin ella. La torpeza y lentitud que traía me enervaban aun más, pero la noche era muy clara para andar sola. Así que le dije que por verla demasiado entumecida, íbamos a caminar, y además a buen paso, por lo que sería bueno que se remangara el sayo.

Su reproche fue sonoro.

–Por idiota me toma vuestra merced, pero sé muy bien adónde nos dirigimos.

No era la primera vez que acudíamos a la plaza del Cordón, en donde se encontraba la residencia de Antonio los días que tenía que despachar hasta tarde con el rey.

Sólo cinco eternos minutos tardamos en llegar. Pero el frenazo fue seco, la puertecilla por la cual me colaba habitualmente estaba cerrada y no parecía haber ni una vela encendida en el interior de la casa.

Ordené a mi dueña que llamara, mientras yo la aguardaba escondida en los soportales de enfrente. Llamó tres veces y nadie contestó.

¿Dónde andaban todos?

Una mano se posó de repente sobre mi hombro, asustándome. Al volverme me tranquilicé: era mi pariente y amigo, el marqués de Tavara, rodeado de otros familiares.

–Acompañadme a vuestra casa, que no son horas de andar por las calles a solas.

Aquella simple frase parecióme un pésame en su boca.

–¿Por qué andáis todos juntos y a la intemperie? –exclamé, para de inmediato preguntar qué le había sucedido a Antonio.

Pasándome la mano por encima del hombro, el marqués comenzó a guiarme en dirección a casa.

–Señora, habéis de saber que todo tiene remedio, pues a vuestro lado estamos. –Mi pariente hizo una pausa que me pareció de siglos–. Pérez es conducido en estos momentos hacia la casa del alcalde. El rey ha ordenado su detención y aprisionamiento.

De inmediato di media vuelta en dirección a ese lugar.

–¿Acaso estáis loca? –se alteró Tavara–. No hemos de permitir más idioteces. Nos lo estamos jugando todo por vos.

Dejé de forcejear.

Al llegar a casa, las puertas del patio estaban abiertas, y allí mismo estaba Rodrigo de Villena con una veintena de hombres.

Durante todo el trayecto había ido pesarosa, pero al ver a este oficial me erguí. Si aquel hombre que en mi casa había estado intentando negociar de parte del rey esperaba tener el placer de ver el más leve temor en mi rostro, iba apañado.

Detenida frente a él, le dije:

–Gran cortesía mostráis al venirme a visitar a estas horas.

–Doña Ana, siento teneros que decir que he venido a arrestaros. Mas no me es consentido deciros el porqué.

–¡Esto es increíble! –exclamé–. Detenerme a mí, la Princesa de Éboli, una Mendoza, por no haber querido entrar en trato con un pelafustán como Mateo Vázquez.

Después todo se precipitó.

Sin hacer caso de mis gritos ni de las protestas de mis parientes me subieron a mi cámara mientras preparaban el carruaje para llevarme a no sabía dónde, porque Villena no quería decirlo. Y aunque muchos esfuerzos hizo doña María para que reposara, no lo logré, y hasta las cinco de la madrugada anduve de un lado al otro del cuarto, pensando mil cosas.

Doña María y yo subimos a mi carruaje, escoltadas por toda aquella pandilla de mequetrefes. En la calle andaban varios mirones observando, de modo que corrí las cortinas, y no las abrí de nuevo hasta llegar a las afueras de la villa.

Sólo cuando vi el camino que tomábamos intuí mi destino.

Tan sólo habíamos recorrido tres leguas escasas, cuando llegamos a la fortaleza de Pinto, ya amaneciendo. Andaba agotada, pero me prometí que, una vez dentro, lo primero que haría era escribir a mi yerno Medina Sidonia, y a Infantado, cabeza de los Mendoza, para que pidiesen mi libertad.

Con la ayuda de los dos duques más grandes del reino, por mucho que don Felipe quisiera hacerme, por lo menos tendría que pensarlo dos veces primero.

Pero al pedir papel y pluma se me dijo que no me estaba permitido escribir.

Sólo a la semana dejaron entrar a una de mis dueñas, que traía ropa para cambiarme.

–Ya andan todos los vuestros enterados de la desgracia de

su merced –aprovechó para decirme la mujer–. El mismo rey les escribió al día siguiente de la detención. Como siempre, vuestro yerno es el que más interés en sacaros de aquí ha puesto. El duque del Infantado viajó desde Guadalajara a Madrid para hablar con el rey y después lo siguió hasta El Escorial, adonde su majestad partió dos días después de vuestra detención. Pero de lo que pasó allí no sé nada.

Me contó que muchas cartas llegaban a casa infundiéndome ánimo y que había un escribano impuesto por el rey que todas las abría, y después de tomar sus notas las quemaba, aunque alguna de ellas había podido leer antes de que se convirtieran en cenizas.

–Algunos de vuestros amigos mandan copia de las cartas que han enviado al rey, solicitándole vuestro perdón e insinuándole que tenga cuidado del escándalo, ya que todo el mundo comenta que el rey no anda desligado del asesinato.

Aun en mis condiciones no pude evitar una exclamación ante tanta falta de señorío: una cosa era apresarme y otra introducirse en mi casa para abrir la correspondencia que llegaba. Pero luego me calmé al pensar que aquello podía ser un punto a mi favor y le pregunté a la dueña por vosotros.

Me dijo sólo que andabais bien aunque me echabais de menos, sobre todo tú, Ana, que eras tan pequeña que mucho miedo me daba el no verte crecer. Y que no me preocupara por vuestro cuidado, que el cardenal de Toledo hasta ahora, y muy limitadamente, se estaba encargando de ello.

–¿Y Antonio? –le pregunté por fin, temiendo la respuesta–. ¿Qué se sabe de él?

–Igual que vuestra merced, anda preso –me dijo la mujer, contrariada–. Pero con todos mis respetos, doña Ana, creo que haríais bien en olvidarlo. Aquel hombre no ha hecho otra cosa que perjudicaros. Y mientras los vuestros se preocupan por salvaros a los dos, los suyos mueren por ayudarle sólo a él. Y no cesan de decir a quien quiere escucharlo que vos sois la culpable de todo. Ya que las mujeres somos diablos, como vos habéis demostrado, teniéndolo a él tan amedrentado y dominado que de miedo Pérez hizo cuanto aconteció. Por ello han dado en apodaros Jezabel, como la mujer de un rey de Israel al que con su influjo y seducción ella le hizo abandonar al verdadero Dios. Y así como piden el indulto para Pérez, para vos solicitan que paséis el día hilando en un rincón, que es lo que, según ellos, una gran señora viuda debe hacer.

Después de oír esas palabras quedé tan desorientada que no me importó que la dueña se marchara. Os diré más, Ana. Por unos largos minutos casi estuve contenta de que mi aislamiento fuera total.

Por supuesto, cuando un día vi llegar desde el ventanuco a uno de mis criados que con comida acudía en un carro me puse loca de alegría. Pero lo revisaron todo y al descubrir unas cartas escondidas entre los enseres se lo llevaron a rastras detenido. Luego supe que tanto lo torturaron para averiguar quién era el que se las había confiado, que el pobre desdichado acabó muriendo.

Despues no llegó ni una sola noticia, y los días se hacían eternos.

No me preguntes con qué fuerzas, pero doña María y yo hacíamos lo posible por animarnos mutuamente. El único divertimento que teníamos era el de burlarnos de los que nos guardaban.

Una noche en la que no podía conciliar el sueño, les pedí una vela para leer y me la negaron. Por lo que desperté a doña María y, aunque era vaga, la convencí y comencé a enseñarle un baile de taconeo. Aquella lección duró toda la noche al igual que nuestras carcajadas cada vez que oíamos desde abajo la orden de silencio.

Sólo pensar que no podían pegar ojo me llenaba de satisfacción.

En otras ocasiones jugábamos como niñas a tirar a los centinelas, que no paraban de dar vueltas a la torre, cualquier objeto que caía en nuestras manos, y al comprobar que su reacción se limitaba a gritos y protestas nos empeñamos aún más en nuestras travesuras.

Te parecerá extraño que hiciéramos tales tonterías, pero las horas se alargaban como años. Un día decidí esperar acontecimientos sin pensar demasiado en los problemas. Con lo cual, si algo queríamos y no era de gran relevancia, siempre lo conseguíamos jugando hasta el límite con su paciencia.

Una noche algo cruzó la reja de la ventana, chocando contra el techo y cayendo sobre mi catre. Me incorporé para ver si alguien más lo había sentido. Doña María roncaba a los pies de mi cama. Igual hacía la doncella que el rey me había mandado, más para espiarme que para servirme.

Me levanté con sumo cuidado. Al palpar el objeto me pinché, pues era una flecha; atado a ella había un pequeño trozo de papel.

Como la espía dormitaba al calor de la lumbre, me dirigí a la ventana. No había luna llena pero el cielo estaba despejado y algo se lograba ver.

La hoja no estaba firmada, quizás por miedo a las posibles represalias pero el mensaje era claro:

«Don Antonio está enfermo y ha sido trasladado a cumplir condena en su propia casa. Lo que significa que vos pronto estaréis en la misma situación, y más ahora que un rey vecino intercede a vuestro favor».

Leí la carta un par de veces más y la tiré al fuego, sin olvidar patear como por error a aquella lacra de mujer que cerca de las llamas se acurrucaba. De nuevo ya no tenía dudas: el rey vecino sería el cardenal don Enrique de Portugal, que había subido al trono el año anterior, y el mandatario del mensaje, mi yerno, que andaba en permanentes negociaciones con él.

La mañana siguiente pareció amanecer antes que otros días; estaba segura de que pronto recibiría buenas noticias.

Pero desgraciadamente se trató de una vana esperanza, y me tocó pasar las Navidades entre aquellas paredes circulares. Aquel fue probablemente el momento de mi vida que más tiempo dediqué a rezar.

Después de seis largos meses lo único que había conseguido averiguar era que el cardenal don Enrique había muerto y que nuestro rey pretendía aquel trono.

Por lo visto, la corte andaba en fiestas porque antes de partir don Felipe a Portugal había organizado la jura del infante para nombrarle Príncipe de Asturias. El momento era idóneo para que mi familia pidiera gracia al rey. Pasado el tiempo, supe que tu hermano mayor lo intentó por su cuenta, pero fue en vano.

Otra cuestión rondaba sin cesar mi mente. ¿Qué había sido de Antonio? No era posible que hubiese hablado en mi contra. Estaba segura de que en todo momento debía de estar pensando en mí.

En sueños imaginaba cómo llegaba en mi auxilio y caía rendida a sus pies.

Un día de febrero llegó un carro en mi busca. En un primer momento, creí que me hacían regresar por fin a Madrid, pero las ilusiones se desvanecieron cuando me enteré del destino: el rey había ordenado que me trasladaran a Santorcaz, otra prisión donde me encontraría más cómoda.

Haciendo lo posible por ver el lado bueno a esa decisión, me dije que tal vez los rencores de don Felipe hacia mi persona estaban empezando a desvanecerse. Porque si no, ¿cómo era que entre todo ese ajetreo en el que estaba envuelto pensaba en mí y en mi cuidado?

De hecho, cuando llegué, Santorcaz me pareció más un palacio que una fortaleza, comparándola con aquella torre de piedra que había conseguido en tan poco tiempo no sólo entumecer mis huesos sino también mis pensamientos. El paisaje me resultaba mucho más hermoso que el de Pinto, pues además de divisar la llanura podía ver algún montecillo cuajado de olivos desde mi balcón.

Hasta el invierno lo sentí más cálido.

Aquella antigua cárcel de sacerdotes, cuando pertenecía al cabildo de Toledo, había albergado a ilustres personajes, como el cardenal Cisneros, pero nunca a una mujer como yo.

El vecindario era escaso; yo observaba y seguía con atención todos sus movimientos. Esto me entretuvo hasta que me di cuenta de que aquellas personas pasaban su vida haciendo exactamente las mismas cosas a las mismas horas todos los días: aquello terminó aburriéndome.

Estaba a punto de cumplirse un año de mi llegada cuando caí enferma, y junto a mí doña María, por lo que ni siquiera en esta ocasión pude contar con la única persona que podría cuidarme de verdad. Parecía tan unida a mí, que hasta en mis dolencias me seguía.

Pero la verdad, Ana, es que lo que yo más deseaba entonces era morir. Aunque sabía que mis amigos luchaban por mí, ya no me quedaba ni el más leve resquicio de las falsas ilusiones que abrigaba el año anterior.

De mi enfermedad sólo recuerdo los dolorosos cólicos que tuve, y que me sangraron en el pie cuatro veces, y a la quinta tuvieron que hacerlo en el tobillo por no haberme dejado ni un solo trozo de piel en la planta del pie sin costras. Quería acabar a toda costa, pero aquellos sanguinarios médicos continuaban curándome en mi frío aposento.

Una mañana, al entreabrir los ojos, pude ver una figura que aguardaba a los pies de mi cama. Cuál fue mi sorpresa al ver que se trataba de uno de mis antiguos administradores.

Don Juan de Samaniego apareció en mi encierro para entregarme la primera carta que recibía después de tanto tiempo.

Mi alegría fue inmensa, ¡quién diría años antes que un simple trozo de papel me hubiera hecho tan feliz!

Por el sello enseguida comprendí que había sido enviada por mi yerno Medina Sidonia, uno de los que más desvelos se tomó por mi situación.

Como no fructificaban sus peticiones al rey para conmigo, había decidido encontrarse con él personalmente. Así fue como cabalgó día y noche hasta llegar a Cáceres, donde el rey descansaba de su largo viaje a Portugal.

Allí pasó unos días a su lado y no cesó de rogarle mi liberación. Aunque no logró todo lo que pretendía, forzó al rey al consentimiento de dejarme vivir en Pastrana, en lo que se podía considerar un simple destierro.

Cuando ya me veía pasear a mi libre voluntad por aquellos campos que tan inalcanzables me parecían tan sólo unos minutos antes, Samaniego me aclaró que la orden del rey era muy específica. Pasaba a ser una mujer libre únicamente dentro de los muros de mi casa. La guardia sería retirada, pero si incumplía en lo más mínimo mis deberes, acudiría presta de nuevo.

De todos modos, la noticia del traslado me hizo sanar en una semana.

Un día antes de marcharnos a Pastrana, llamé a doña María.

La pobre mujer había pasado lo peor a mi lado y sin quererlo había llegado a ocupar el lugar de mi mejor confidente, por lo que acababa de tomar la decisión de cuidarla y mantenerla en mi casa como si de mi madre se tratara.

Aunque vieja y achacosa, me había escuchado siempre sin rechistar. Algunas veces, al finalizar alguna de nuestras largas pláticas, la miraba, y la sorprendía roncando plácidamente. Después de todo lo que habíamos vivido juntas el respeto dejaba su lugar a tanta confianza, que nunca fingía como lo hacían otros servidores. En cambio, otras veces, tan atenta estaba que parecía vivir lo que le narraba y hasta percibir tan hondo mis sentimientos que suyos los hacía.

Días antes, cuando vio que todo parecía prepararse para nuestra partida, me preguntó nerviosísima si sabía algo de nuestro futuro destino, y le dije que lo ignoraba para no impacientarla.

Pero ahora, al descubrir nuestro paradero y mis nuevas decisiones respecto a ella, en lugar de mostrar su entusiasmo, como yo esperaba, se quedó callada y cabizbaja.

–¿No os alegra? –le pregunté.

La anciana no respondió.

–Sé que las dos deseábamos regresar a la corte de Madrid, como grandes señoras –le dije entonces, dejándome llevar por mi entusiasmo–. Ya llegará. Por ahora no parece que el rey esté convencido del todo. Pero no os preocupéis, porque, como véis, ya piensa en nosotras y pronto la libertad será completa.

No parecía estar convenciéndola.

–Ése es precisamente el problema, doña Ana –dijo ella–. Su majestad debería mirar por vuestra merced, y no por una simple dueña como yo.

–¿Qué queréis decir? ¿Acaso intenta ordenaros a vos, como lo ha hecho con Samaniego?

–No, mi señora, no es eso. Alguien, y no me cabe duda alguna de que ha sido el desertor (así llamábamos a mi administrador, por estar en todo de acuerdo con el rey para controlarme), ha debido de contarle que mi influencia en vuestra merced...

–Por lo que os ha ordenado alejaros de mí, ¿verdad?

Al oír esas palabras doña María rompió a llorar.

Me era extraño verla en semejante actitud. Siempre había sido recia, pero ahora parecía indefensa y carente de toda fuerza para la lucha.

Me abracé a ella para infundirle consuelo.

–Si ha de ser, así será –le dije, conteniendo las lágrimas–. Pero habéis de saber que lucharé para que regreséis pronto, pues a Pastrana me voy esperando vuestra llegada.

Pareció tranquilizarse un poco antes de decir:

–Han sido tantos los años a vuestro lado que no sé adónde ir, y ni siquiera sabré qué hacer durante todo el día.

Entonces pensé que más que la libertad, nuestro rey quería regalarle una muerte lenta y tortuosa, y allí mismo decidí que marchase a mi antigua casa de Alcalá, donde la servirían como a mí misma, para que supiese qué se siente al ser una gran dama, que bien lo tenía merecido y era lo mínimo que podía ofrecerle.

Me besó en la frente como lo hacía yo con mis hijos y desapareció. Sería la última vez que la viera, porque aunque intenté que le permitieran regresar a mi lado, nunca lo conseguí.

18

Encierro en libertad (1581)

Llegamos a mi villa de Pastrana al atardecer de un día de finales de mayo. Eran cerca de las nueve y media de la noche, y sin embargo el sol, ya desaparecido en el horizonte, seguía anulando la aparición de la velada luna. Aunque aquellos largos días normalmente se me hacían eternos, aquella vez lo agradecí. La primavera estaba en su apogeo y el aroma de los campos me embriagó de tal modo que hasta olvidé que todos vosotros me aguardabais.

Faltaría media legua para Pastrana cuando ya no pude soportarlo más y me asomé a la ventana de mi carroza. Allí estaba el convento de los franciscanos y a sus pies mi casa.

Cuando por fin paramos, estuve a punto de bajar de un salto, pero se me ordenó que no lo hiciese y esperara a que se abrieran las puertas de entrada. Aunque la guardia cerró las cortinas, yo no podía dejar de atisbar y las entreabrí.

El palacio en nada había cambiado, pero la plaza estaba más llena de gente que en un día de feria. Cientos de ojos se posaban en mí. Todos y cada uno de mis vasallos miraban silenciosos y con aire de reproche hacia el carruaje. Al frente de todos ellos se encontraban el padre inquisidor, junto a los frailes y el resto del clero que allí moraba.

La verdad es que andaba tan entusiasmada por regresar a casa que no me importó en absoluto; al fin y al cabo, que más me daba lo que pensaran aquellas gentes. Ellos seguían obligados a mis órdenes y buen cuidado habían de tener de no cumplirlas. Lo único que me molestó fue el no haberme engalanado para esa ocasión, no por la calidad de ellos, sino para demostrarles que a pesar de mi situación me encontraba mejor que nunca y seguía siendo la señora a la que debían rendir vasallaje. Y sobre todo, que no andaba acoquinada, como muchos de ellos pensarían.

Al entrar, y ya cerradas las puertas del palacio, me permitieron bajar. Fue entonces cuando oí vuestros pasos descendiendo las escaleras. Recuerdo cómo corristeis a mi lado y me abrazasteis. Conseguisteis que olvidara mi situación, aunque sólo fuera por unos minutos.

Tan orgullosa y gozosa me encontré que no cabía en mi sayo, y tardé un tiempo en darme cuenta de que en la penumbra de una esquina del patio había una mujer observándome.

Era Isabel, la mujer de vuestro hermano Diego. Aquella desagradecida ya desde un principio había puesto todo tipo de trabas a su matrimonio. Alegaba que tu hermano era menor que ella, y que lo que necesitaba era un hombre y no un niño.

Pero ahora Diego ya estaba formado y aquella tonta no comprendía que mejor sería la vitalidad de vuestro joven hermano, que la ancianidad a la que muchas otras damas nos habíamos visto obligadas. De todos modos, no quise darle la menor importancia. No podía permitir que aquel dulce momento se agriara por una mujer que no sabía valorar lo que tenía. Sin embargo, no pude evitar volver a acordarme de Antonio.

Durante mi encarcelamiento no hubo día, y sobre todo noche, que no pensara en él, ya fuera para desearlo o para aborrecerlo. Pero el silencio que había caído en torno a su persona, me había impedido tomar una decisión en firme al respecto.

Por eso, Ana, me asombra que se diga que la soledad nos permite aclarar las cosas del amor.

Pero entonces me ocurrió una cosa extraña. Al veros cerca de mí, felices y sonrientes, me sentí con fuerzas como para prometerme mantener a raya todo recuerdo que me hiciera sufrir, y que pasaría las horas ejerciendo la devoción y dedicándome al cuidado de la hacienda y de vosotros.

Para facilitarme esos propósitos las noticias llegaban con cuentagotas.

Ya por entonces andaba su majestad de nuevo viudo, pero se suponía que más sosegado de ánimo, pues el heredero que le había dado doña Ana parecía ir salvando todas las enfermedades que lo acosaban, y crecía medianamente sano. De todos modos, aquellos asuntos me parecían lejanos, encerrada en la torre de levante, y sólo muy de vez en cuando dejaba que la melancolía me asaltara al recordar Madrid en tiempos grandes y felices.

Hasta que un día me trajeron una carta sin remitente.

En un primer momento, pensé en romperla sospechando que de una nueva amenaza se trataba, pero al ver la letra del encabezamiento creí que mis ojos me engañaban.

Llevaba cerca de dos años sin ver aquella caligrafía, y sin embargo la recordaba como si sólo unos instantes antes la hubiera leído. Me retiré a mis aposentos, casi temblando quité el lacre que aseguraba su contenido a miradas ajenas, y comencé a leerla.

> «Os quiero, y quiero que sepáis que ni un solo minuto me he olvidado de vos, pues en casa del alcalde, donde estuve preso, un sinfín de veces escribí vuestro nombre.
>
> Me libertaron después de torturarme y hacerme jurar que nunca más en mi vida atentaría contra Vázquez; y como segunda premisa a seguir, que me apartaría de vos para siempre. Aunque lo juré, no será ésta la primera vez que perjure, la próxima vos seréis testigo...»

Su silencio había sido eterno, pero aquellas líneas volvieron a avivar la brasa de mi corazón. Cuando acabé de leer la carta, decidí que la escondería muy bien, no podía destruirla como él me pedía, pues era mi tesoro más ansiado y pensaba releerla hasta que se desgastara. Y así, descosiendo el faldón de mi sayo, la escondí en él.

La sangre de mis venas desde hacía tiempo gangrenada, empezó a fluir más rápido que nunca.

De inmediato, decidí seguir su consejo de disfrutar de cuanto estuviese en mi mano, y organicé una gran fiesta para la mañana de San Juan. Dado que al día siguiente cumpliría cuarenta y dos años, y llevaba dos sin celebrarlo, bien se merecía la ocasión que las fiestas fuesen grandiosas. Mis hijos llevarían unos sayos de esterilla de palma, que en el último momento decidí dorar. También ordené traer gaitillas de Barcelona, para que tocaran al son de la procesión. No tenía cortesanos que vinieran a un baile, pero sí a todo el pueblo deseoso de participar.

Todos andaban con los preparativos encantados y felices. Los corredores del palacio pudieron de nuevo escuchar aquellos tarareos de canciones y músicas ya olvidados, y sus piedras parecieron tornarse de nuevo más claras y luminosas. Sólo un ser angustiado y descontento moraba entre nosotros: Samaniego, mi administrador.

Se había tomado tan a pecho lo de regir y vigilar mi hacienda, que cada vez que ordenaba algo más, para engalanar la fiesta, aparecía descompuesto con sus malditas cuentas. Pero aun así, aquella macilenta cara ya en nada me afligía. Sabía que escribiría al rey informándole de mi actitud, pero dado que las fiestas eran en honor a un santo, sólo conseguiría impacientar al devoto de su majestad.

En cambio sí que me molestó el comportamiento de vuestro hermano Rodrigo, que se creía con derecho a dirigir mi vida en vez de alegrarse de ver cómo me recuperaba de mi tristeza.

Llegó para la fiesta hecho una fiera. En Madrid había oído que Pérez alardeaba de no haberme perdido, y comentaba que más unidos que nunca nos encontrábamos. Le reproché por creer a los deslenguados, y en ese momento, cuando me levanté, dispuesta a no seguir escuchándolo, el destino quiso que perdiera la única prueba de aquella certeza. La carta de Antonio debió de caer a mis pies. Rodrigo, que sin duda la vio, estuvo rápido y se apoderó de ella, con toda seguridad para leerla tranquilamente a solas.

No la eché en falta hasta la noche, pero cuando comprobé, después de mucho buscarla, que había desaparecido supe por qué tu hermano nos había abandonado sin despedirse. Y mira qué extraño es el corazón humano. Entonces sí que me dolió el que Antonio contase a cualquiera lo que yo tan escondido llevaba. De todos modos, me vestí para la fiesta y me esforcé para que nada excepto vuestro cariño me afectara.

Rodrigo también me había dicho que en Madrid, como

siempre, seguían las rencillas entre unos y otros, y, por lo visto, la protección se había hecho necesaria para todos. Pero yo andaba lejos y no me sentía amenazada. Y aunque Samaniego no hiciera más que informar al rey de los desbaratados gastos que yo hacía, apenas le prestaba atención.

La verdad es que no consideré bien el riesgo y mi arrepentimiento vino después. En una larga carta procedente de Lisboa que me llegó poco después, el rey me notificaba que, teniendo en la memoria a vuestro padre y los muchos y buenos servicios que le hizo, y mirando por vosotros, convenía dar diferente orden a las cosas de su memoria, estado y hacienda.

Así, me ordenaba recogimiento, quietud y sosiego, y no sólo me quitaba vuestra tutoría y curaduría, sino que también nombraba al gobernador y justicia mayor de mis Estados. Además, por mi mala administración, ¡procedía de nuevo a mi encerramiento!

¡Qué gran injusticia se estaba haciendo conmigo!

Y para mal de males, Antonio no podía escucharme y las pocas noticias que recibía sobre él decían que aunque su causa seguía adelante no se había procedido de nuevo a su reclusión. En cambio yo, desde hacía seis largos años, unas veces más que otras, me sentía como gallina en un corral.

19

INJUSTOS PROCESOS
(1592)

Después de mi nuevo confinamiento, y enfadada por no saber nada de Antonio, la sangre me hervía. Solamente vivía día tras día esperando alguna carta de doña María, que, fiel e incondicional como siempre, se había convertido en la única que no tenía temor a informarme de lo que acontecía en Madrid.

El proceso de Antonio por fin había comenzado. Por lo visto, los miedos del rey habían desaparecido y ahora había urgencia en un veredicto final sin más dilaciones absurdas. El encargado de juzgarle tenía infinidad de facultades discrecionales, de las cuales era plenamente consciente y no dudaría un segundo en abusar.

Lo más curioso de todo era que se seguía escondiendo la verdadera causa de nuestro delito. Lo que comenzaron estudiando no fue el asesinato de Escobedo, sino el desempeño de Antonio como funcionario público. Para más disimular la atención, resultó que, como a él, procesaron a otros secretarios y los sometieron a la misma investigación.

Andando la instrucción, enviaron una comisión a examinar en mi archivo todas las cuentas. Por lo visto, alguno de aquellos odiosos testigos que llamaban a declarar había dejado muy claro que los regalos que yo hacía a Antonio eran desmesurados.

Uno de los asesinos de Escobedo envió una carta al rey culpando a Antonio del delito. El rey hizo caso omiso de ello, y esto debió de enfadar al delator, porque bien se encargó a posteriori de que todos se enteraran de este evento. En ningún momento se habló de que Pérez volviera a pasar la prisión. La cosa no dejaba de causarme perplejidad.

Hacía ya cinco años que yo andaba presa mientras mi amante andaba a sus anchas. ¿Qué sería lo que guardaba debajo de la manga? Sin duda tenía que ser alguna prueba fuerte contra el rey, porque nunca vi antes en su real persona tanta condescendencia para con un hidalgo.

Mas de pronto se procedió con ahínco al encarcelamiento de Antonio. Según se dijo, la instrucción se había dado por finalizada, y se esperaba la sentencia. Su presidio únicamente era una manera de asegurar su posición y no facilitarle la huida.

Cuando me enteré de aquello creí que esa igualdad me alegraría. Pero no fue así. Doña María había tenido la ocasión de verle, y me había dicho que las lágrimas enturbiaban sus ojos cuando se puso a hablarle de mí.

Yo estaba convencida de que al regreso del rey de las cortes celebradas en Aragón, donde Antonio tenía importantes amigos, se le dejaría libre de nuevo. Por lo que decidí hacerle llegar un mensaje para que viniera a verme, ya que desde hacía un tiempo me dejaban pasear de nuevo por las cercanías de mi palacio sin guardia, y esto nos permitiría un breve encuentro.

Pero mis sueños se desvanecieron rápidamente y esta vez más que nunca. Aquellas esperanzas que en los aragoneses había puesto, desaparecieron de golpe y porrazo. El rey, en vez de entrevistarse con nuestros partidarios de Aragón, lo hizo con los asesinos de Escobedo, que aguardaban allí para prestar declaración en nuestra contra.

Aquellos bellacos cavaron nuestra tumba sin el menor cargo de conciencia. Seguro que además de la amnistía, llenarían de nuevo sus bolsas.

Inmediatamente y al regreso del rey, se renovó la instrucción contra Antonio. No sólo agravaron los cargos contra él, sino que como siempre también me implicaron a mí.

Pero poco me importaba, ¿qué más me podían hacer? ¿Volver a enclaustrarme en mis aposentos? ¿Condenarme a muerte? Con aquello me harían un gran favor. Ya llevaba seis años presa, y aunque en ocasiones había tenido esperanzas de libertad, siempre algo se encargaba de frustrarlas.

Casi todos los días recibía cartas de doña María. Contenían un sinfín de nombres de hombres y mujeres, nobles y vasallos, pobres y ricos, nombres que yo ni siquiera recordaba haber conocido eran llamados a diario para declarar en mi contra en el proceso de Antonio. Perdida por perdida, decidí jugar mi última carta para conseguir mi libertad, llamando a mi administrador, ese usurpador que en mi casa moraba.

Entró en mi aposento desganado y sin duda esperando recibir quejas y amonestaciones, como ocurría siempre que lo hacía venir a verme.

–Os voy a pedir que escribais al instructor de mi proceso –le dije a bocajarro.

–Vuestra merced sabe cuáles son mis funciones y dentro

de ellas no se encuentran la de suplicar por vos, sino más bien la de controlaros.

Tuve que dominarme para no escupirle, como hubiera sido mi voluntad.

–Como licenciado sabréis que todo procesado tiene un derecho moral, aunque no escrito, a su defensa. En Madrid están llamando a muchos de los que me conocieron, y supongo que más a los que me odian que a los que me quieren.

–Creo que no sabéis muy bien lo que pedís. No es lo mismo interrogar a los acusadores que a los acusados; puesto que las preguntas y los métodos para conseguir obtener la verdad son muy distintos.

–Es lo único que os he pedido desde que llegasteis, ¿y osáis negármelo?

–Yo hubiera accedido a vuestra pretensión tan sólo hace una semana. Pero hace unos días, sometieron a Pérez a lo mismo que vuestra merced tantas ganas parece tener de someterse, y no llego a comprender el porqué del querer sufrir mayor tormento.

Debí de empalidecer porque una sonrisa se insinuó en los labios de Samaniego.

–Así que no os obcequéis, pues vuestro amante todo lo ha confesado.

Me levanté, y sin poder contenerme golpeé a aquel enano, que parecía haber olvidado a quién se dirigía.

Mientras se escabullía hacia la puerta le grité:

–¡Pedazo de idiota, ignoráis que el peor parado será su majestad, y vos quedaréis sin trabajo!

Cuando quedé sola todo me parecía perdido, por lo que cuál no sería mi sorpresa al conocer los cargos en mi contra. Únicamente se me acusaba de vivir de manera desordenada y no saber administrar mis bienes. En ningún momento se habló de mis amores con Antonio, y ni siquiera del asesinato de Escobedo.

A partir de aquel momento mis odios y temores desaparecieron. Mis pensamientos se dirigían ahora hacia Antonio, pues aquel eterno proceso proseguía al igual que su prisión.

Una pregunta me asaltaba sin cesar: ¿por qué el rey ya no nos temía? ¿Qué había sido lo de aquellas pruebas que le delataban como director de la muerte de Escobedo?

Un día, llegó a Pastrana un destacamento de la guardia real. Cerca de cuatro horas estuvieron intentando hacerme recordar si en algún momento Antonio me había entregado algún papel; y el mismo tiempo estuve yo negándolo. Cuando esos hombres se agotaron y decidieron que yo no sabía de qué hablaban, se fueron y nunca más se me preguntó sobre el tema.

Sólo supe, pasado un tiempo, que gran constancia habían demostrado en su búsqueda, porque hasta las losetas del suelo de la Casilla de Antonio habían levantado.

La verdad es que aquellos asuntos que antes me hubieran preocupado, ya no me importaban lo más mínimo. Me sentía ajena a todo y a todos. Comencé a abandonarme. Ya no me importaba mi peinado, ni mis vestidos y ni siquiera mi apariencia. Hasta el punto de no cubrir aquella cicatriz que había sabido convertir en mi mayor atractivo oculto. De hecho, este estado tan lamentable en el que me encuentro me ha hecho aborrecer los espejos, y no puedo estar cerca de algo que refleje mi aspecto, porque lo rompo inmediatamente.

Sólo recuerdo tres momentos de inmensa felicidad a lo largo de aquellos años. El primero fue cuando supe que el cardenal Granvela por fin había muerto. Inmediatamente después del apresamiento de Antonio, el rey había decidido prescindir de sus servicios para siempre, mandándolo a Portugal. Aquello le debió de doler tanto que provocó su muerte. Aquel verdugo vestido de colorado por fin se fue al infierno.

Ana, sé que todos hemos de morir, pero yo me alegro de haberle sobrevivido gozando con su desdicha.

La segunda vez que me sentí feliz fue cuando, gracias al despiste de mi celador, consiguió una de mis dueñas entregarme una nota de Antonio.

Aunque acabó presa de las llamas apenas leída, puedo recitarla de memoria, pues grabada quedó en mi mente leyéndola una sola vez:

> «Mi querida Tuerta, mi joya engastada en tantos y tales esmaltes de la naturaleza y la fortuna. Vuestro recuerdo me ha costado el alma en torturas y ofensas. Pero aquello cercano está a su fin y más no hemos de sufrir ni vos ni yo.
>
> He llegado al convencimiento de que los celos fueron los que labraron nuestro destino y castigo, y no nuestras faltas como dicen. Pero en mí ya no podrán causar más mella, y vos tampoco habéis de permitírselo.
>
> Vuestro pronto y para siempre.»

Nunca pensé que se acordaría del primer piropo que me dirigió. Su modo de despedirse me incitó a pensar que procuraría verme antes de desaparecer de mi vida para siempre. Pero ¿cómo podría ser? Él estaba preso desde hacía tiempo en Madrid, y sin duda la guardia de alabarderos sería mucha y experta en su custodia.

O sus amigos colaboraban en su fuga, o no podría escapar

de su situación. Sin duda, y dado que fechaba muy ciertamente su liberación, todo estaría preparado.

Andaba in albis.

Una mañana aparecieron en mi aposento una cuadrilla de albañiles. Les oí subir y cerré con llave por dentro. Llamaron varias veces, y viendo que no pretendía abrir, pronto empezaron a dar hachazos contra la puerta, al tiempo que proferían insultos y amenazas.

Lo primero que cedió fue el torno.

Yo, sentada enfrente de la puerta, esperaba a que la derribasen.

De pronto, vi aparecer a un diminuto albañil por el hueco. Aunque al final lo consiguió, lo tuvo difícil, pues yo no cesaba de animar a mis dueñas a darle mamporrazos cada vez que asomaba la cabeza.

Al final cedimos por pena, y no comprendo bien cómo aquel hombre pudo cumplir con su encomienda posterior, pues creo que no tenía un solo espacio en su cabeza libre de chichón. Pero lo que sí te digo es que aquel humilde vasallo fue el último que me hizo reír a carcajadas, y ahora le recuerdo con cariño y afecto.

Cuando por fin entraron los demás albañiles, les vi portar varios juegos de rejas, que durante tres días estuvieron poniendo en las ventanas, tanto en las del patio interior como en la que a la plaza del Mercado da y que luego cubrieron con una alambrada a manera de celosías. ¿Por qué querían enclaustrarme de nuevo y privarme de mi satisfacción de pasar las horas muertas mirando los campos desde aquella ventana?

Por lo visto, querían torturarme de nuevo, convirtiendo mi ventana en una tronera. Esperaba que alguna buena razón les impulsara a ello y no sólo el simple capricho del soberano, que bien habría hecho ya en olvidarse de mi presencia en esta tierra.

Una vez terminadas las obras quedé totalmente encerrada. Aquella puerta desquebrajada se convirtió en un muro, con sólo un hueco en donde colocaron otro torno, que serviría para pasarme los alimentos y comunicarme con el exterior.

Llamé a mi carcelero y éste me explicó, no sin antes hacerse de rogar, que Antonio se había fugado de la cárcel de Madrid, y que a él había de agradecerle mis desdichas.

En vez de entristecerme por mi encierro, comencé a soñar. Sin duda Antonio tenía que estar cerca ya de Pastrana y vendría a verme. Compraría o burlaría una noche a toda mi guardia y podríamos estar juntos hasta el amanecer. Segura estaba de que nuestro amor era mucho más fuerte que cualquier reja o muro que osase resistirlo. No sabía bien cómo, pero sin duda los evitaría.

Aquella noche no podía dormir.

Andaba deambulando por mi cuarto, entre las camas de las dos sirvientas que conmigo dormían y la mía propia, donde tú dormías plácidamente. Ni la oscuridad ni la falta de aire me afectaban, pues la ansiedad me sobrecogía.

Algo me decía que Antonio estaba cerca.

Haría un par de horas que andaba y andaba cuando me dirigí al reclinatorio.

Lo único que agradezco de esta estancia en que nos encontramos es que podamos divisar la capilla a través de la reja. Porque sólo me queda el consuelo del rezo y la oración, y siempre es más intensa la devoción si ves el retablo.

De modo que me arrodillé y me puse a imaginar una a una las tallas de madera, iluminadas apenas por dos velas encendidas junto al Santísimo.

De repente, un ruido hizo que aquellos pensamientos

volaran de mi mente. Bajo nuestra ventana se oyó el chirriar de la puerta de la capilla. En aquel momento me incorporé, y asiéndome a la reja me puse de puntillas –dirigiendo mi mirada hacia abajo– para intentar ver qué podía haber sido aquello.

En el fondo de la capilla la oscuridad era total y la quietud absoluta reinaba. Nada se movía allí. Sin duda estaba alterada y me traicionaba mi imaginación.

Me arrodillé de nuevo.

Un instante después me pareció ver una sombra que salía del confesionario y pegada al muro se dirigía al altar.

Cuando me di cuenta de quién era quise gritar, pero la voz no llegó a salir de mi boca. No podía llamarlo, si lo hacía firmaría su sentencia de muerte, porque la guardia le prendería sin duda. Traté de serenarme pensando lo fácil que le sería trepar hasta donde me encontraba. Aunque sólo fuera una caricia entre las rejas y un leve susurro en mis oídos, me bastaría para infundirme fuerzas y resignación por el resto de mis días.

Mientras tanto, él seguía avanzando. Sólo lo veía desde atrás, pero sus andares y figura no habían cambiado en nada. Al llegar a la sacristía, se paró.

¿Qué estaba haciendo?

Le vi sacar la caja de plata que contenía las hostias, posarla sobre el suelo y buscar con ansiedad en el hueco que quedaba.

Cuando me di cuenta de que era una carpeta llena de documentos, quedé perpleja. Aquello que yo siempre ignoré, y que tanto preocupaba al rey, había estado durante años frente a mis narices.

Si me lo hubiera dicho, siempre hubiera guardado el secreto y jamás le hubiese delatado. No podía suponer que me hubiera utilizado. No, sin duda no me lo había dicho por no preocuparme ni involucrarme más de lo debido.

Cuando se dio la vuelta después de dejarlo todo en orden, pude por fin ver su expresión. Sabía que había sido torturado para que dijera exactamente dónde estaban aquellos papeles que comprometían tanto a la corona, y sin embargo ni una leve desfiguración en su cara se notaba. Aunque las arrugas surcaban su rostro éste seguía siendo tremendamente atractivo.

Todos mis músculos permanecían en tensión. Estaba tan paralizada que debía de parecer una estatua. Cuando se acercó a unos pasos de donde me encontraba, se me ocurrió cogerme del camisón y zarandearlo. Aquello no llegaría a despertar a los demás, pero seguro que lograría mi propósito.

Antonio, aferrado a sus legajos, alzó la vista de inmediato, sobresaltado. Me miró una fracción de segundo y sin mediar palabra corrió a la puerta.

El hielo que me paralizaba se convirtió en fuego y corrí a buscar un pequeño espejo que una de mis doncellas tenía escondido debajo de su colchón. Debía atusarme y rápido, pues no quería que me viera con tan lamentable aspecto. Sin duda me recordaba fastuosa, y aunque fuera difícil, intentaría de cualquier manera resaltar al máximo mis mejores atributos.

Ana, yo estaba tan exaltada que me sorprendí a mí misma, pues sólo en pocos minutos y sin ayuda estaba más adecentada de lo que lo había estado en todos aquellos años.

Me senté sobre mi cama, junto a ti, y esperé mirando fijamente al torno. Sería cuestión de instantes que éste cediera para darle paso.

Transcurrieron unos minutos que me parecieron eternos.

Temerosa de que le hubiese ocurrido algo, me dirigí a la

ventana que da a la plaza. A pesar de la celosía podía ver como el sol comenzaba a aparecer sobre el montecillo del otro lado del río.

Y de pronto le vi subiendo por el monte, galopando como si huyera de la muerte. Cuando llegó a culminarlo, se unió a otros y en solo un segundo desapareció de mi vista.

Aquellas ganas de morir de meses antes, surgieron de golpe en mi corazón. Aquellas garras que me estrujaban los pulmones, no tenían fuerza para cumplir con su propósito, y sin embargo dolían.

Estaba segura de que no volvería a verle más, y sin embargo me quedé mirando fijamente aquella colina.

Debía de estar patética, pintada y arreglada para nadie.

¿Qué fue de mi orgullo, de mi altiva figura, de mi hermosa cara y sobre todo de mis ansias por dominar y dirigir a todos bajo mi seguridad absoluta? Todo se desvaneció para siempre, sin él o su recuerdo no podría seguir adelante.

Después de aquella inmensa melancolía pienso que comencé a odiarlo. Y si hoy viniese, por un raro avatar de la vida, a los pies de mi cama a pedirme disculpas, creo que utilizaría mis últimas fuerzas para echarle.

Pero eso no ocurrirá nunca porque la sentencia de Antonio se dictó hace unos meses y la misma noche que recibió la noticia huyó atravesando los Pirineos hacia Francia.

Y a mí ya me ves, hija; me encuentro tullida, enferma y vieja, y aunque muchas cosas he dejado en el tintero, mi única voluntad ya es el testar y confesar, pues bien sabes que no tengo ánimo desde hace tiempo ni para levantarme.

Lo único que quiero es que me hagáis un catafalco negro, bordado de oro y adornado con nuestras armas y blandones, iluminado con candeleros, incensarios, navetas, hisopo, paletilla y vestiduras para los doce sacerdotes que oficien mi funeral, con mi cuerpo amortajado con el hábito de san Francisco.

Presiento ya el inicio de mi largo viaje al olvido terrenal.

Pero ¡Dios mío!, ¿por qué mi cuerpo resiste tanto, si mi espíritu humillado no quiere seguir luchando?

Impreso en Liberduplex, S. L.
Constitución, 19
08014 Barcelona

booket